Brigitte Büge

JUMPSUITS selber nähen

Mix & Match: 100 Styles selbstgenäht

JUMPSUIT – OVERALLS – PLAYSUITS

Was wird von dem Jahr 2018 lange in Erinnerung bleiben?
Unser Jahrhundertsommer.

Der Sommer, in dem ich mir einen treuen Begleiter kreierte und morgens ohne langes Stöbern nur einen Griff tätigte: Zu meinem Jumpsuit!
Gibt es doch manchmal keine Zeit, Einzelteile zu einem stylischen Outfit zusammenzustellen, ist dies bei einem Jumpsuit herrlich einfach. Anziehen, losgehen und wohlfühlen!
Nach kurzer Überlegung kam mir die Idee zu diesem Buch, denn welches Outfit wird oftmals bestaunt und befindet sich nur sehr rar, oder – wahrscheinlich zutreffender – gar nicht in unserem Kleiderschrank?
Hätte Frau nicht gerne einen, jedoch es hapert am Angebot und dann letztendlich an der Passform?
Dieses Buch bietet dir die Möglichkeit, deinen Kleiderschrank um diesen Schatz zu erweitern. Zwischen einfachen Grundschnitten mit feinen Details und anspruchsvollen Silhouetten ist für jede Gelegenheit das Passende dabei.
Um eine besonders große Vielfalt zu schaffen, habe ich mich für zwei Grundvarianten entschieden: Eine weite, lässigere Schnittform und eine engere, figurbetonte Schnittform. Innerhalb dieser beiden Varianten bietet sich dir die Möglichkeit, die Oberteile und Hosen individuell zusammenzustellen. Zur Veranschaulichung findest du fertige Simulationen auf den Seiten 106–109.

Lass dich inspirieren und nähe dir deinen eigenen, ganz persönlichen Schatz!

Ich, für meinen Teil, habe ihn bereits und wünsche dir viel Freude dabei, deinen zu kreieren!

Inhalt

Schwierigkeitsgrade:

✱ = einfach
✱✱ = mittel
✱✱✱ = anspruchsvoll

WORKSHOP

Einfassen von Schnittkanten oder Nahtzugaben

1 Einfassband vorbereiten.
Je nach gewünschter Einfassbreite (0,5 cm, 0,75 cm oder 1,0 cm ...) eine Pappschablone in doppelter Breite anfertigen:
Einfass 0,5 cm – Pappschablone 1,0 cm breit;
Einfass 1,0 cm – Pappschablone 2,0 cm breit.
Den Streifen von rechts auf das Bügelbrett legen (= die rechte Stoffseite liegt unten). Die Pappschablone auf den Streifen legen 1A und die Nahtzugabe um die Schablone herumbügeln 1B + 1C .

2 Fertig eingebügelter Streifen 2 .

3 Eine Seite des Streifens aufgeklappt rechts auf links auf die einzufassende Schnittkante legen. Die Schnittkanten vom Streifen und Stoffteil liegen deckungsgleich aufeinander. Mit Stecknadeln fixieren 3 .

4 Genau in der Bruchfalz der aufgeklappten Kante die Strecke nähen 4 .

5 Die äußere Bruchkante des Streifens um die Nahtzugabe herum auf die rechte Seite schlagen und den Streifen genau auf der sichtbaren Naht feststecken 5 .

6 Den Streifen knapp vor der äußeren Bruchkante aufsteppen 6 .

7 Fertiger Einfassstreifen 7 .

1A

1B

1C

2

3

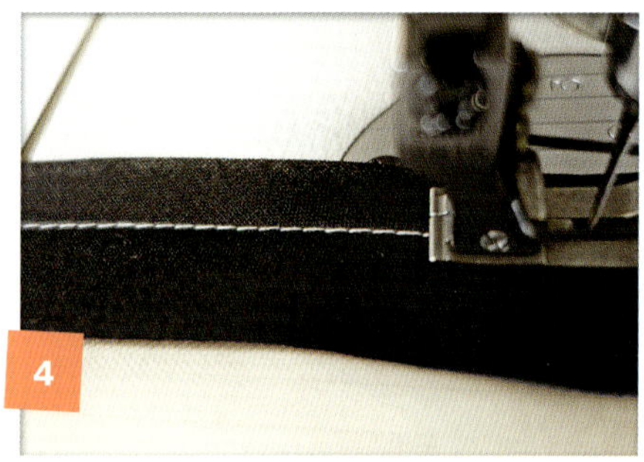
4

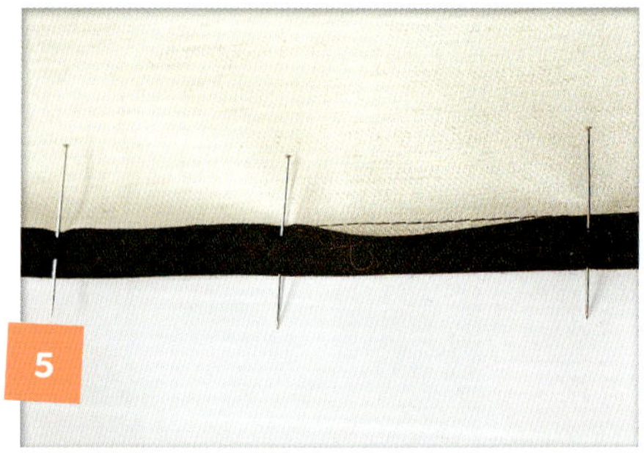
5

6

7

Kräuseln

1 Rüsche vorbereiten. Schnittkanten versäubern 1A und bügeln 1B.

2 An der oberen versäuberten Schnittkante fußbreit nähen (hierbei den Stich etwas größer stellen) 2A. Danach fußbreit unterhalb der ersten Naht die zweite Naht nähen 2B.

3 Am Nahtanfang die beiden Fäden miteinander verknoten 3.

4 Am Nahtende die beiden Unterfäden gleichmäßig auf die vorgegebene Länge ziehen. Danach die Enden verknoten 4.

5 Angekräuseltes Rüschenteil rechts auf rechts auf das Vorder- bzw. Rückenteil legen und mit Stecknadeln befestigen 5.

6 Die Naht mittig der Kräuselung nähen 6.

7 Vorsichtig die Kräuselfäden entfernen, so dass nur noch die Ansatznaht bleibt 7.

8 Die Naht vom Rüschenteil bügeln. Dafür das Rüschenteil auf dem Ärmelbügelbrett nach unten lose fallen lassen und die Nahtzugabe in das Oberteil bügeln 8.

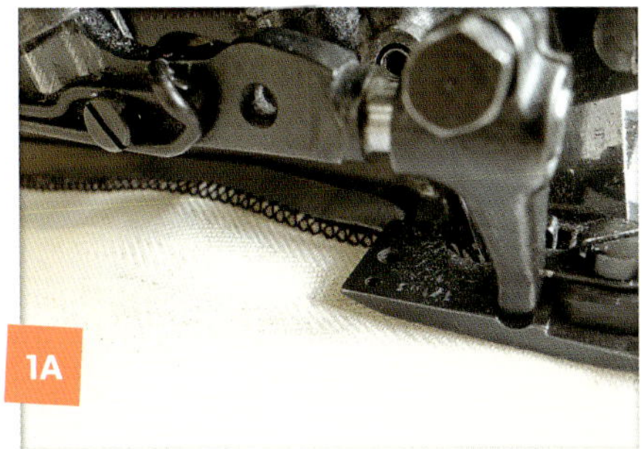
1A

1B

2A

2B

3

4

5

6

7

8

Saum bei Volant oder Rüsche

1 Saumschnittkante 1 cm nach links schlagen und von links ganz schmal am Umbruch (1 mm) die Kante steppen **1**.

2 Danach die Nahtzugabe bis kurz vor der Naht wegschneiden **2**.

3 Anschließend die Saumbruchkante nochmals nach links schlagen (2–3 mm) und genau auf der vorgesteppten Naht den Umbruch feststeppen **3**.

1

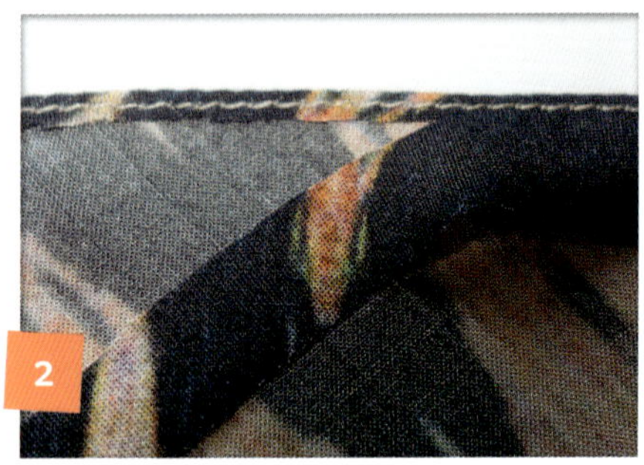

2

3

Seitennaht-Tasche

1 Die Schnittkante des Taschenbeutels rechts auf rechts auf die Kante des Schnittteils legen und mit Stecknadeln befestigen **1**.

2 Die Strecke bei 1 cm Nahtbreite nähen. Anfang und Ende gut verriegeln. Hierbei nicht über die Stecknadeln nähen **2A** + **2B**.

3 Den Tascheneingriff des Taschenbeutels versäubern **3**.

4 Nahtzugaben am Tascheneingriff einschneiden **4**.

5 Tascheneingriff nach rechts schlagen und bügeln. Nahtzugabe liegt im Taschenbeutel **5**.

6 Taschenbeutel auf die linke Seite schlagen und den Tascheneingriff in den Nahtbruch bügeln **6A** + **6B**.

7 Den zweiten Taschenbeutel rechts auf rechts auf den angenähten Taschenbeutel legen und mit Stecknadeln feststecken **7**.

8 Die Beutelaußenkanten zusammennähen **8A** + **8B**.

9 Die Schnittkanten des Taschenbeutels versäubern **9**.

10 Fertige Tasche von rechts **10A** und von links **10B**.

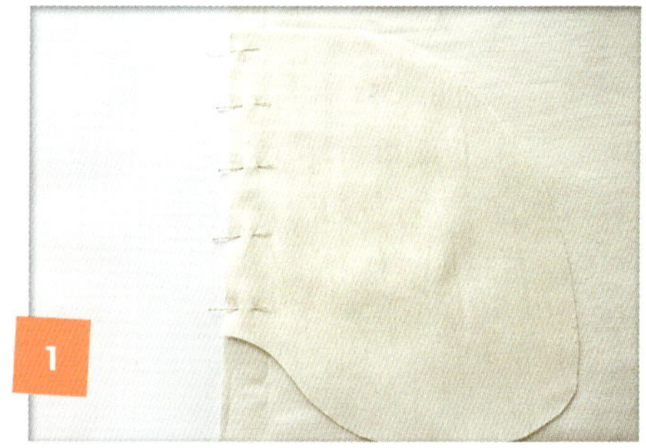

1

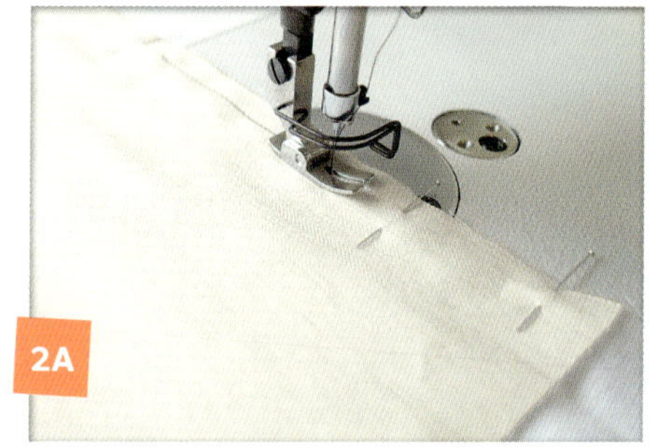

2A

2B

3

4

5

6A

6B

7

8A

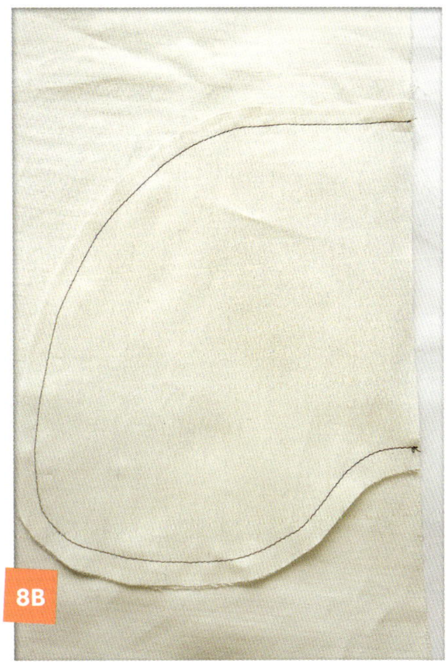
8B

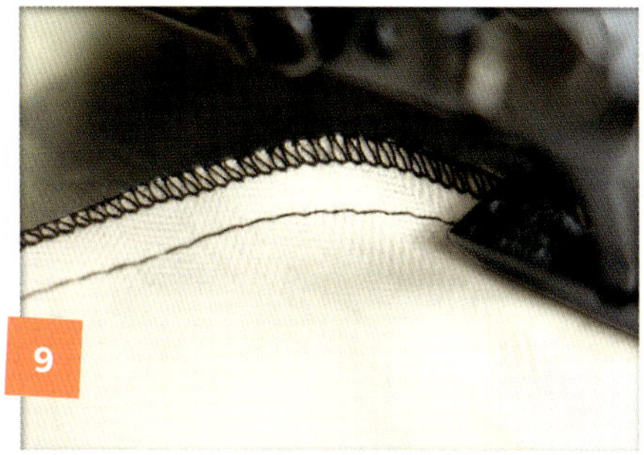
9

10A

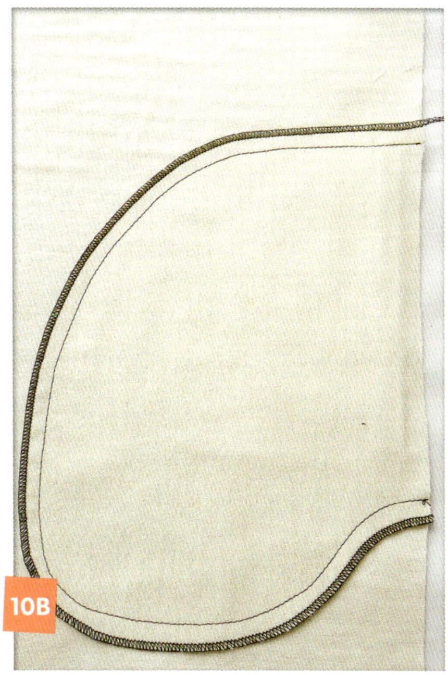
10B

Nahtverdeckten Reißverschluss einnähen und mit Futter verstürzen

1 Oberstoff- bzw. Futterteile an den versäuberten Kanten rechts auf rechts legen und bis zur Reißverschluss-Öffnung schließen 1A + 1B .

2 Am Oberstoff den Reißverschluss rechts auf rechts auf eine Schnittkante der Reißverschluss-Öffnung legen und eine Reißverschlusshälfte feststecken 2A + 2B .

3 Mit dem Spezialfuß die gesteckte Reißverschlusshälfte direkt neben der Spirale festnähen 3 .

4 Die zweite Reißverschlusshälfte rechts auf rechts auf die andere Schnittkante der Öffnung legen und feststecken. Reißverschluss zur Probe schließen. Die Quernaht (Taillennaht) muss beim Schließen des Reißverschlusses in einer Linie liegen 4A . Die zweite Reißverschlusshälfte festnähen 4B .

5 Oberstoff und Futter rechts auf rechts so aufeinanderlegen, dass die Taillennaht von Futter und Oberstoff auf einer Linie liegt 5A . Futter rechts auf rechts auf das Reißverschlussband legen (die Futterkante steht 0,5 cm über) und feststecken 5B . Die Naht fußbreit neben der sichtbaren Naht nähen 5C .

6 Das Futter bügeln 6A + 6B .

7 Futter und Oberstoff am Halsloch rechts auf rechts legen, an der hinteren Mitte alle Nahtzugaben auf das Futter legen und feststecken 7A . Die Naht am Halsrand nähen 7B .

1A

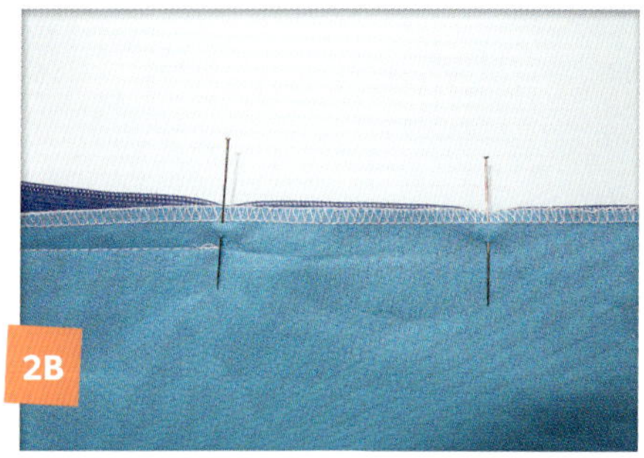
2B

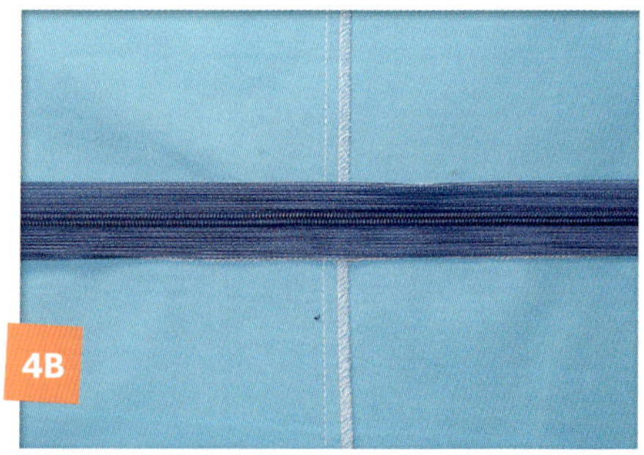
4B

1B

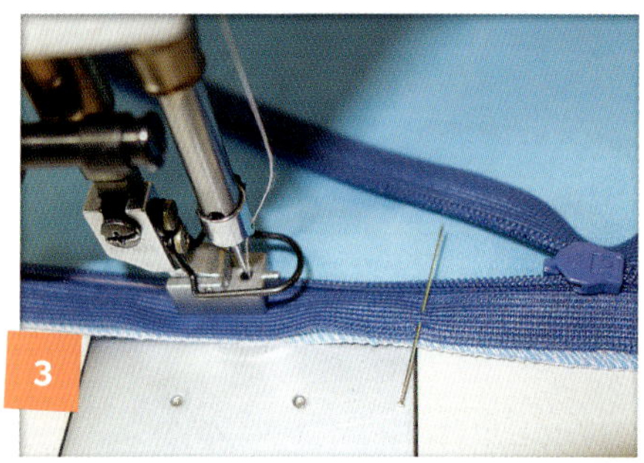
3

5A

2A

4A

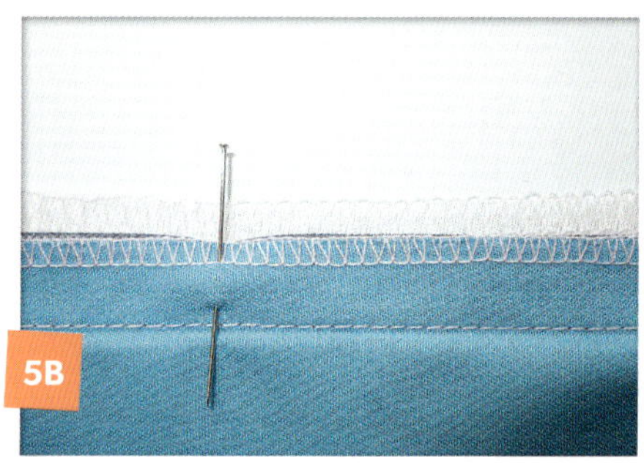
5B

8 Die Nahtzugabe von Futter und Oberstoff versetzt einschneiden **8A** + **8B**. An der hinteren Mitte die Nahtzugabe schräg wegschneiden **8C**.

9 Teile wenden und die Ecke sauber ausformen **9A** + **9B**.

5C

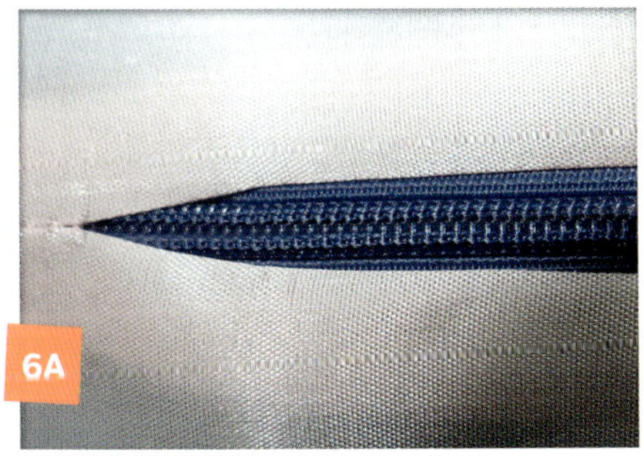
6A

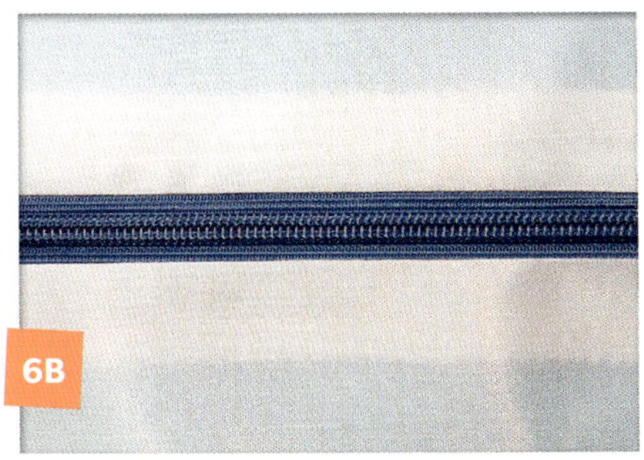
6B

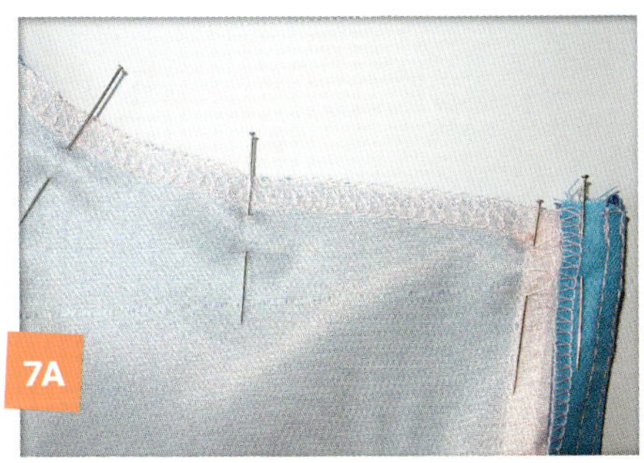
7A

7B

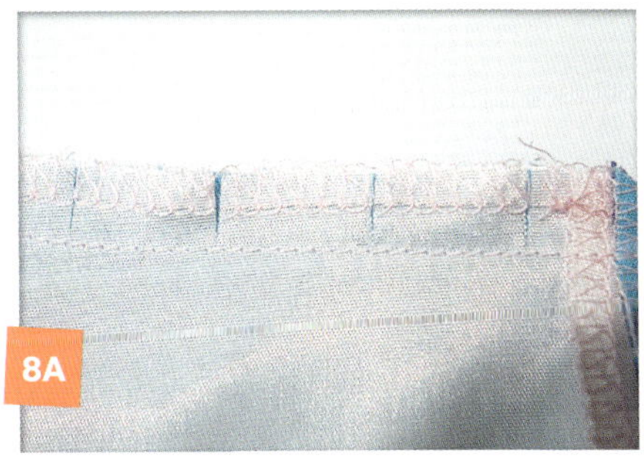
8A

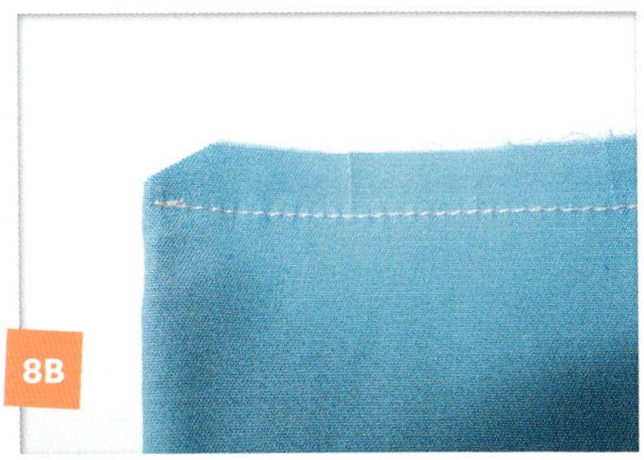
8B

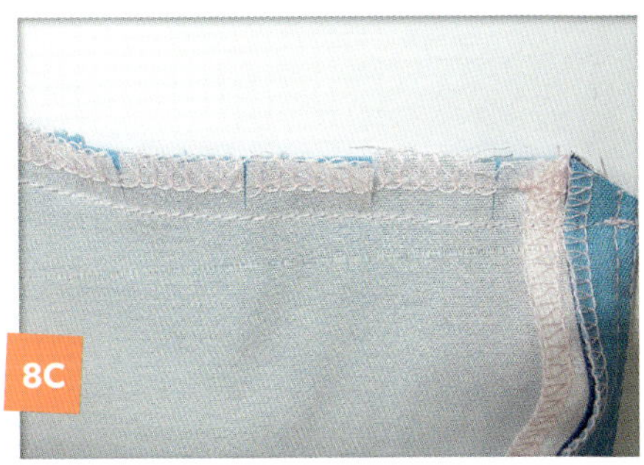
8C

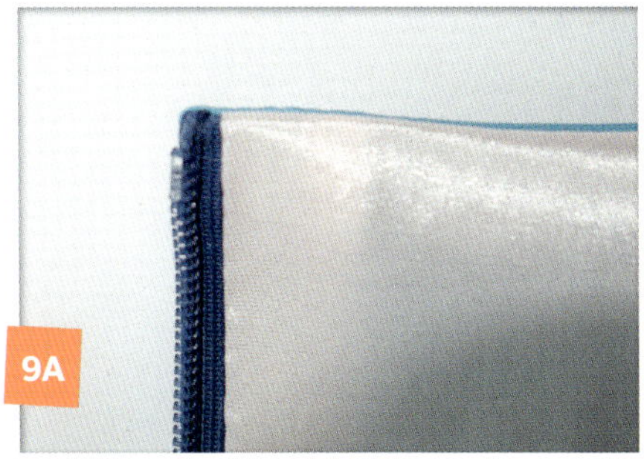
9A

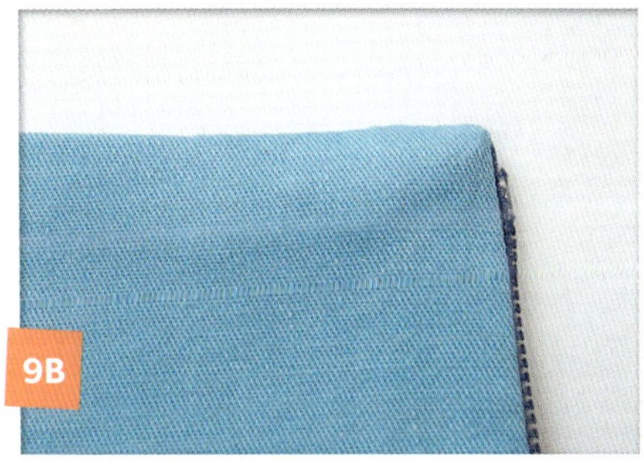
9B

MODELLE

Violetta
Jumpsuit in Blau

Größe **36–44**
Schwierigkeit ✱
Schnittbogen **C in Rot**
Schnittbogen **C in Schwarz**

Meine Allround-Liebe! Simpel in der Schnittführung und ohne TamTam – ein Highlight für jede Gelegenheit. Am Strand, beim Shopping oder abends in der Bar, lässig und schick.

MATERIAL

- Cupro-Jersey (96% Cupro, 4% Elasthan, 150 cm breit), 2,00 m für alle Größen
- Gummiband in Schwarz (4 cm breit), 0,60 m
- Gummiband in Schwarz (3 cm breit), 1 m
- Gummiband in Schwarz (3 mm breit), 1 m
- Farblich passendes Nähgarn

ZUSCHNEIDEN

Die Schnittteile der gewünschten Größe vom Bogen auf Papier kopieren und ausschneiden.
Bitte beachten: Das Rückenteil aus dem Vorderteil und den Taschenbeutel aus dem Taschenbeutel mit Hüftteil als Extra-Schnittteil kopieren. Vorderhose aus den Teilen 1 und 1x zusammensetzen. Hinterhose aus den Teilen 2 und 2y zusammensetzen.

Den Stoff in den Bruch legen, so dass Webkante auf Webkante liegt. Die Schnittteile gemäß Zuschneideplan auf dem Stoff positionieren. Die einheitliche Ausrichtung der Schnittteile ist hier besonders wichtig, da Cupro-Stoff einen leichten Strich hat! Als Nahtzugabe an alle Schnittkanten 1 cm zugeben.

Schnittbogen C in Rot

Größe: **36**
Größe: **38**
Größe: **40**
Größe: **42**
Größe: **44**

Schnittteile

- **13** Vorderteil
- **13** Rückenteil
- **14** Oberteilbund

Schnittbogen C in Schwarz

Größe: **36**
Größe: **38**
Größe: **40**
Größe: **42**
Größe: **44**

Schnittteile

- **1 + 1x** Vorderhose
- **2 + 2y** Hinterhose
- **6** Taschenbeutel mit Hüftteil
- **6** Taschenbeutel

Nachfolgendes Schnittteil ist mit Nahtzugabe angegeben.

- **A** Saumbund: 2 cm kürzer als Saumkante, 12 cm breit.

ZUSCHNEIDEPLAN

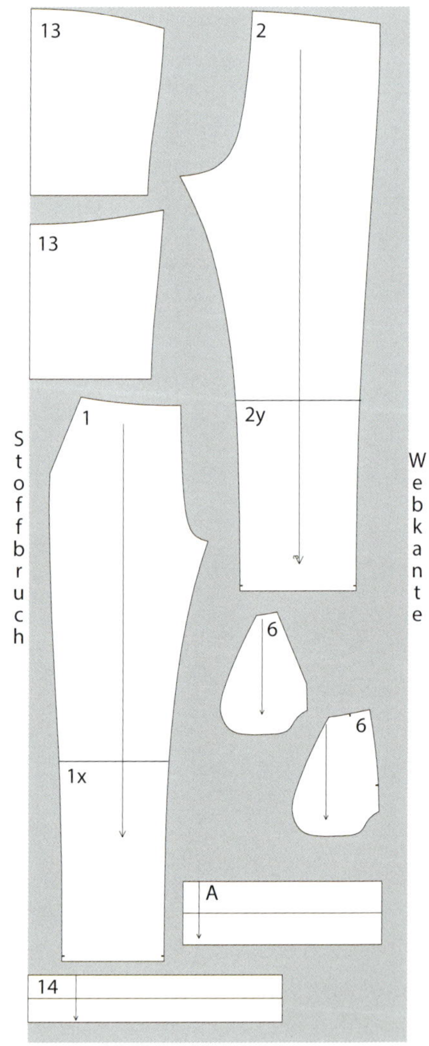

SO WIRD'S GEMACHT

Wichtig! Elastischer Stoff erfordert elastische Nähte, damit diese bei der Bewegung nicht reißen. Die meisten Nähmaschinen haben elastische Stiche im Programm, alternativ eignet sich ein schmal eingestellter Zickzackstich.

1 Oberteil zusammennähen: Vorder- und Rückenteil rechts auf rechts legen und die Naht bei 1 cm schließen. Die Nahtzugaben versäubern und in das Rückenteil bügeln.

2 Bund für Oberteilabschluß arbeiten: Das 4 cm breite Gummiband für den Oberteilbund auf die gewünschte Weite plus 2 cm Nahtzugabe schneiden, an den Gummibandenden 2 cm übereinanderlegen und in einem Viereck zusammennähen. Den Bund rechts auf rechts an den kurzen Kanten zum Ring zusammennähen und die Nahtzugabe auseinanderbügeln.

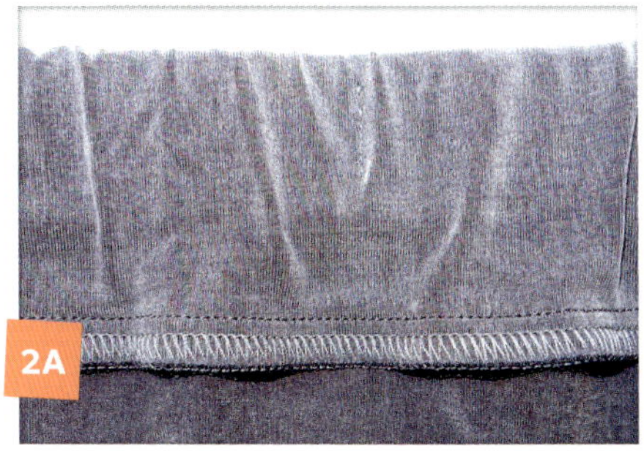

2A

2B

Bundschnittkanten links auf links aufeinanderlegen und das Gummiband in den Bund legen. Die Schnittkanten zusammenstecken und -nähen. Den Bund rechts auf rechts an die obere Schnittkante des Oberteils legen – die Bundnaht und die linke Seitennaht liegen exakt aufeinander – und feststecken. Die Naht nähen und versäubern.

3 Eingrifftasche der Hose arbeiten: Den Taschenbeutel rechts auf rechts auf die Vorderhose legen, so dass die Schnittkanten der Tascheneingriffe deckungsgleich aufeinanderliegen. Diese Strecken stecken. Den Tascheneingriff bei 1 cm nähen. Anfang und Ende der Naht gut verriegeln. Nahtzugaben versäubern. Den Taschenbeutel auf die linke Seite der Vorderhose umschlagen und in den Nahtbruch bügeln. Tascheneingriffkante füßchenbreit steppen. Den Taschenbeutel mit Hüftteil laut Markierung rechts auf rechts an den Taschenbeutel legen, so dass die Schnittkanten der Taschenbeutel deckungsgleich aufeinanderliegen. Die Taschenbeutelrundung mit ein paar Stecknadeln befestigen. Taschenbeutel schließen und versäubern. Obere und seitliche Taschenbeutelkanten von rechts fußbreit auf die Vorderhose steppen.

4 Vorder- und Hinterhose zusammennähen: Vorder- und Hinterhose jeweils rechts auf rechts legen, so dass die Schnittkanten der Seitennähte und der inneren Beinnähte deckungsgleich aufeinanderliegen. Diese Strecken stecken, bei 1 cm nähen und versäubern. Seitennähte und innere Beinnähte in die Hinterhose bügeln.

5 Schrittnaht schließen: Um die Schrittnaht zu schließen, beide Hosenbeine rechts auf rechts ineinanderlegen. Dabei darauf achten, dass die inneren Hosenbeinnähte deckungsgleich aufeinanderliegen, Schrittkanten stecken und die Naht nähen. Nahtzugaben versäubern und auf eine Seite bügeln.

6 Saumbündchen arbeiten: Das 3 cm breite Gummiband für den Saumbund auf gewünschte Fesselweite plus 2 cm Nahtzugabe schneiden, an den Gummibandenden 2 cm übereinanderlegen und in einem Viereck zusammennähen. Saumbund rechts auf rechts an den kurzen Kanten zum Ring zusammennähen und die Nahtzugabe auseinanderbügeln. Die Bundschnittkanten links auf links aufeinanderlegen und das Gummiband in den Bund legen. Die Schnittkanten zusammenstecken und -nähen. Den Saumbund rechts auf rechts an die Schnittkanten des Hosensaums legen – die innere Hosenbeinnaht und die Saumbundnaht liegen exakt aufeinander – stecken und nähen. Nahtzugaben versäubern.

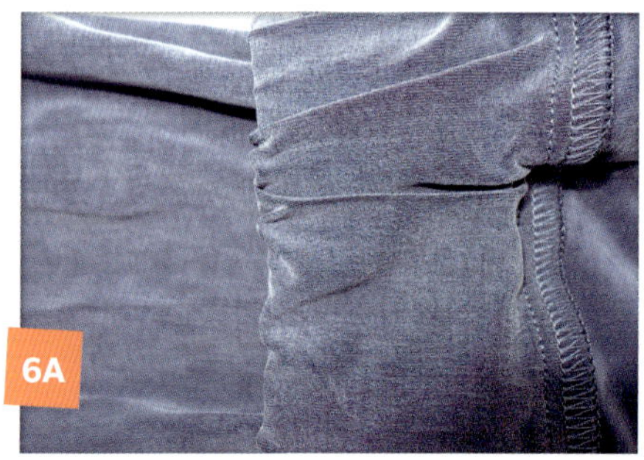

6A

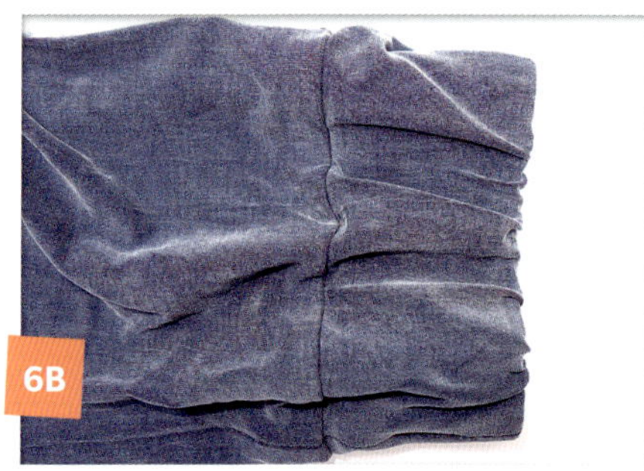

6B

7 Hose mit Oberteil verbinden: Hose und Oberteil an den Taillenkanten rechts auf rechts aufeinanderlegen, so dass Seitennähte, vordere und hintere Mitte von Hose und Oberteil exakt aufeinanderliegen. Die Strecke stecken, zusammennähen und versäubern. Das 3 mm breite Gummiband auf die gewünschte Taillenweite plus 2 cm Nahtzugabe schneiden, an den Gummibandenden 2 cm übereinanderlegen und von Hand zusammennähen. Den Ring in 4 gleichgroße Abschnitte aufteilen und die Viertelpunkte mit Stecknadeln markieren. Gummibandring von links an die Nahtzugaben der Taillennaht legen, sodass die markierten Stellen jeweils an den Seitennähten, an der vorderen und an der hinteren Mitte liegen. Das Gummiband mittig im gedehnten Zustand auf die Nahtzugabe steppen.

Daisy
Overall in Weiß-Silber

Größe **36–44**
Schwierigkeit **✻✻**
Schnittbogen **A in Schwarz**
Schnittbogen **A in Rot**

Meine Glam-Liebe!
Ein Blickfang durch die Stoffwahl und die Schnittführung. Die schmale Silhouette und der Bindegürtel in der Taille lassen die Beine länger aussehen und die geschlitzten Hosenbeine lassen dezent Haut blitzen. Super für jeden Anlass am Abend.

MATERIAL

- Viskose-Jersey (90% Viskose, 10% Elasthan, 140 cm breit), 2,50 - 2,50 - 2,70 - 2,70 - 2,70 m
- Gummiband in Weiß (3 mm breit), 1 m
- kleiner Druckknopf, 1 Stück
- Farblich passendes Nähgarn

ZUSCHNEIDEN

Die Schnittteile der gewünschten Größe vom Bogen auf Papier kopieren und ausschneiden.
Bitte beachten: Vorderhose aus den Teilen 15 und 15x zusammensetzen. Die seitliche Vorderhose aus der Vorderhose als Extra-Schnittteil kopieren. Hinterhose aus den Teilen 16 und 16y zusammensetzen.
Den Stoff in den Bruch legen, so dass Webkante auf Webkante liegt. Die Schnittteile gemäß Zuschneideplan auf dem Stoff positionieren. Als Nahtzugabe an der unteren Hosenkante 2,5 cm, an der vorderen und hinteren Halsausschnittkante keine Zugabe und an den restlichen Schnittkanten 1 cm zugeben.

Schnittbogen A in Schwarz

Größe: **36** × × × × × ×
Größe: **38** — — — — —
Größe: **40** ○ ○ ○ ○ ○ ○ ○ ○
Größe: **42** —·—·—·—
Größe: **44** ————————

Schnittteile

- **5** Vorderteil
- **6** Rückenteil
- **7** Ärmel
- **8** Ärmelvolant
- **9** Gürtel

Schnittbogen A in Rot

Größe: **36** — — — — —
Größe: **38** ✳ ✳ ✳ ✳ ✳ ✳
Größe: **40** ——— ———
Größe: **42** \\\\\\\\\\\\\\
Größe: **44** ————————

Schnittteile

- **15 + 15x** Vorderhose
- **15 + 15x** seitliche Vorderhose
- **16 + 16y** Hinterhose

Nachfolgendes Schnittteil ist mit Nahtzugabe angegeben.

- **A** Einfass-Streifen für Halsausschnittkante: 6 cm kürzer als Halsausschnittkante, 3 cm breit.

ZUSCHNEIDEPLAN

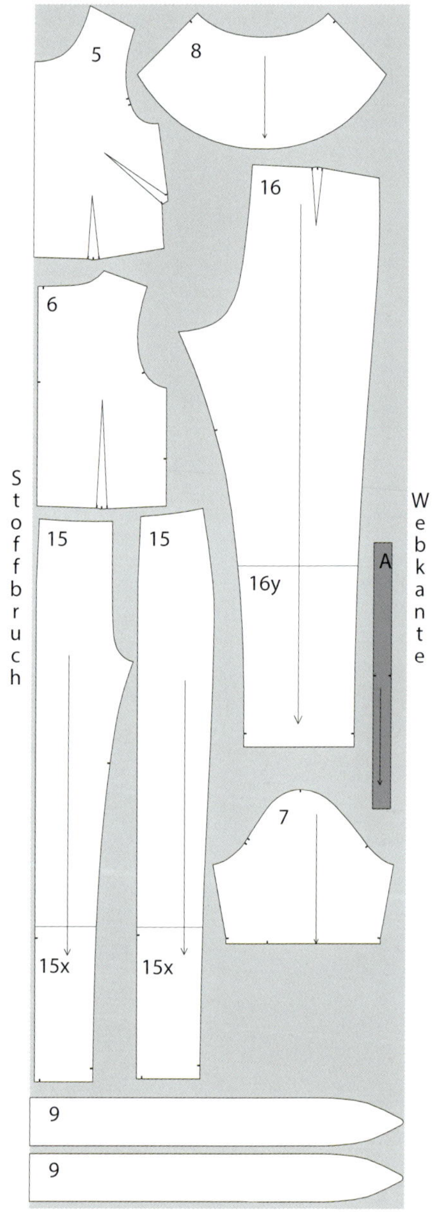

SO WIRD'S GEMACHT

Wichtig! Elastischer Stoff erfordert elastische Nähte, damit diese bei der Bewegung nicht reißen. Die meisten Nähmaschinen haben elastische Stiche im Programm, alternativ eignet sich ein schmal eingestellter Zickzackstich.

1 **Hintere Mitte des Oberteils nähen:** Die Schnittkanten der hinteren Mitte versäubern. Diese rechts auf rechts aufeinanderlegen und die hintere Mitte bei 1 cm bis zum Schlitz schließen. Nahtzugabe auseinanderbügeln, Schlitzkanten 1 cm nach links bügeln. An der äußeren versäuberten Kante des Schlitzes die Nahtzugabe auf die Rückenteile steppen.

2 **Abnäher nähen:** Die Abnäher von Vorder- und Rückenteil, sowie der Hinterhose an den Markierungen jeweils rechts auf rechts legen und in einer leicht konkaven Linie nähen. Nahtanfang und Nahtende gut verriegeln. Taillenabnäher zur vorderen bzw. hinteren Mitte bügeln – Brustabnäher nach unten.

3 **Schulter und Seitennähte:** Vorder- und Rückenteil rechts auf rechts aufeinanderlegen, Schulter und Seitennähte schließen und versäubern. Die Nahtzugaben in das Rückenteil bügeln.

4 **Halsausschnitt arbeiten:** Zur Stabilisierung des Halsausschnittes einmal fußbreit von der Schnittkante eine Naht nähen. Den Einfass-Streifen rechts auf rechts gedehnt an den Halsausschnitt legen und feststecken. Die Nahtzugabe des Streifens steht an

der hinteren Mitte über. Bei 0,5 cm die Strecke nähen. Die Nahtzugabe an der hinteren Mitte nach links einschlagen, den Streifen um die Nahtzugabe herum nach links schlagen und mit Stecknadeln feststecken. Darauf achten, dass die Nahtzugabe den Streifen gut ausfüllt. Von rechts knappkantig neben der

4A

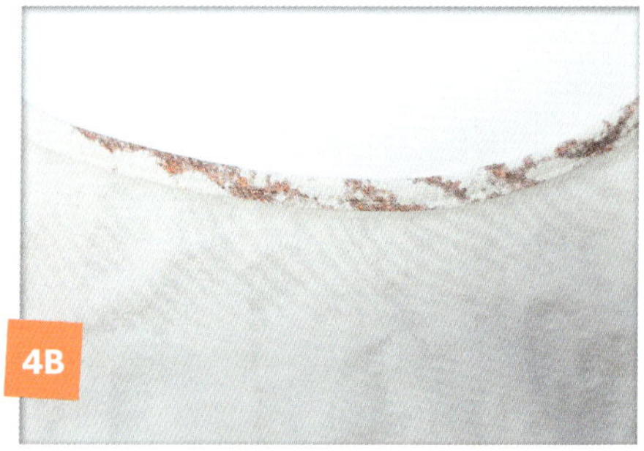

4B

4C

4D

Naht den Einfass-Streifen feststeppen. Von links die Nahtzugabe auf 2 mm wegschneiden. Danach von Hand den Druckknopf in der hinteren Mitte auf dem Einfass-Streifen annähen.

5 Ärmel nähen: Ärmel an den Längsschnittkanten rechts auf rechts legen und nähen. Nahtzugaben versäubern und nach hinten bügeln. Die geraden Kanten des Ärmelvolants einzeln versäubern und 1 cm nach links bügeln. An der versäuberten Kante den Umbruch feststeppen. Die Schnittkante des unteren Volantrandes 0,5 cm nach links schlagen und von links ganz schmal ab der Umbruchkante (1 mm) steppen. Die gesamte Nahtzugabe bis kurz vor die Naht wegschneiden. Danach die Saumbruchkante nochmals nach links schlagen (2–3 mm) und genau auf der vorgesteppten Naht den Umbruch festnähen. Je schmaler der Saum, desto schöner die Wirkung. Den Volant mit der offenen Kante rechts auf rechts an die untere Ärmelkante legen und feststecken. Dabei liegt der Schlitz des Volants mittig der vorderen Ärmel. Die Strecke nähen und versäubern.

6 Ärmel einnähen: Beim Einsetzen des Ärmels stets darauf achten, dass der rechte Ärmel in das rechte Armloch und der linke Ärmel in das linke Armloch genäht wird. Die Ärmelnaht liegt rechts auf rechts auf der Seitennaht. Ärmelrundung laut Passzeichen kantenbündig in das Armloch stecken und nähen. Nahtzugaben versäubern.

7 Vorderhose und seitliche Vorderhose zusammennähen: Die mittleren Längsschnittkanten der beiden Vorderhosen versäubern. An der versäuberten Schnittkante die Teilungsnähte rechts auf rechts legen, und die Strecke zusammenstecken. Die Naht bis zum Markierungspunkt des Schlitzes schließen und gut verriegeln. Teilungsnaht auseinanderbügeln.

8 Vorder- und Hinterhose zusammennähen: Vorder- und Hinterhose jeweils rechts auf rechts legen, so dass die Schnittkanten der Seitennähte und der inneren Beinnähte deckungsgleich aufeinanderliegen. Kanten stecken, Nähte bei 1 cm nähen und versäubern. Seitennähte und innere Beinnähte in die Hinterhose bügeln.

9 Schrittnaht schließen: Die Hosenbeine rechts auf rechts ineinanderlegen. Dabei darauf achten, dass die inneren Hosenbeinnähte deckungsgleich aufeinanderliegen. Schrittkanten stecken und die Naht nähen. Nahtzugaben versäubern und auf eine Seite bügeln.

10 Saum: Die unteren Beinkanten versäubern, 2,5 cm nach links bügeln und an der versäuberten Kante den Umbruch feststeppen. Vordere Schlitzkanten 1 cm nach links bügeln. An der äußeren versäuberten Kante des Schlitzes die Nahtzugabe auf die Vorderhosen steppen, die Schlitzkante sollte mit der Saumkante abschließen.

10

11 Hose mit Oberteil verbinden: Hose und Oberteil an den Taillenkanten rechts auf rechts aufeinanderlegen, so dass Seitennähte, vordere und hintere Mitte von Hose und Oberteil exakt aufeinanderliegen. Strecke stecken, nähen und versäubern. Das 3 mm breite Gummiband auf die gewünschte Taillenweite plus 2 cm Nahtzugabe schneiden, an den Gummibandenden 2 cm übereinanderlegen und von Hand zusammennähen. Den Ring in 4 gleichgroße Abschnitte aufteilen und die Viertelpunkte mit Stecknadeln markieren. Gummibandring von links an die Nahtzugaben der Taillennaht legen, sodass die markierten Stellen jeweils an den Seitennähten, an der vorderen und an der hinteren Mitte liegen. Das Gummiband mittig im gedehnten Zustand auf die Nahtzugabe steppen.

11

12 Bindegürtel: Beide Gürtelteile rechts auf rechts legen und stecken, Gürtel ringsherum nähen. In der Mitte der langen Strecke auf einer Seite eine ca. 6 cm große Öffnung lassen. Durch die Öffnung den Gürtel auf die rechte Seite ziehen. Gürtel bügeln und dabei die Nähte in den Nahtbruch bügeln. Öffnung von Hand schließen.

Florence
Playsuit in Gelbgrün

Größe **36–44**
Schwierigkeit **✻✻**
Schnittbogen **C in Rot**
Schnittbogen **B in Rot**

Meine Sommer-Freizeit-Liebe! Playsuit im Mille-fleur-Design, gepaart mit gerüschten Details, vermittelt der Einteiler ein mädchenhaftes Flair.

MATERIAL

- Viskose-Druck (100% Viskose, 150 cm breit), 2,10 m für alle Größen
- Formband in Weiß (1 cm breit), 1 m
- Gummiband in Weiß (3 mm breit), 1 m
- kleiner Druckknopf, 1 Stück
- Farblich passendes Nähgarn

ZUSCHNEIDEN

Die Schnittteile der gewünschten Größe vom Bogen auf Papier kopieren und ausschneiden.
Bitte beachten: Den vorderen Halsausschnittbeleg aus dem Vorderteil, den hinteren Halsausschnittbeleg aus dem Rückenteil und den Taschenbeutel aus dem Taschenbeutel mit Hüftteil als Extra-Schnittteil kopieren.

Den Stoff in den Bruch legen, so dass Webkante auf Webkante liegt. Die Schnittteile gemäß Zuschneideplan auf dem Stoff positionieren.
Die Tascheneingriffkanten von Vorderhose und Taschenbeutel ohne Zugabe schneiden. Als Nahtzugabe an der unteren Hosenkante 2 cm und an den restlichen Schnittkanten 1 cm Nahtzugabe zugeben.

Schnittbogen C in Rot

Größe: **36** × × × × × ×
Größe: **38** — — — — —
Größe: **40** ○ ○ ○ ○ ○ ○ ○ ○
Größe: **42** — - — - — - —
Größe: **44** ————

Schnittteile

- **3** Vorderteil
- **3** vorderer Halsausschnittbeleg
- **4** Rückenteil
- **4** hinterer Halsausschnittbeleg
- **7** Ärmel

ZUSCHNEIDEPLAN

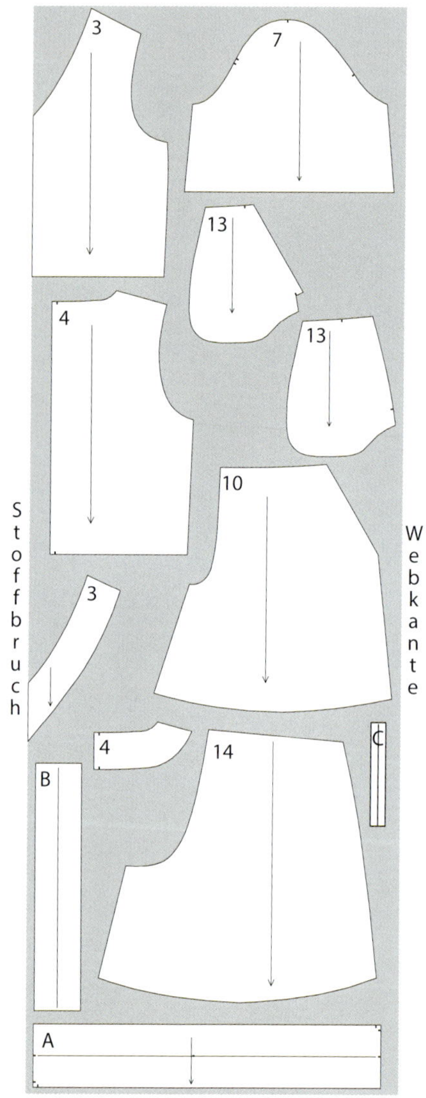

Schnittbogen B in Rot

Größe: **36** \\\\\\\\\\\\\\
Größe: **38** — — — — — —
Größe: **40** × × × × × ×
Größe: **42** — - — - — - —
Größe: **44** ————

Schnittteile

- **10** Vorderhose
- **14** Hinterhose
- **13** Taschenbeutel mit Hüftteil
- **13** Taschenbeutel

Nachfolgende Schnittteile sind mit Nahtzugabe angegeben.

- **A** Ärmelrüsche: Länge: 1,5-fache Ärmelsaumweite, 12 cm breit.
- **B** Taschenrüsche: Länge: 2-fache Weite der Tascheneingriffkante, 10 cm breit.
- **C** Einfass-Streifen für den Tascheneingriff: Länge wie Tascheneingriffkante, 3 cm breit.

VORBEREITEN

Das Formband von links auf die vordere und hintere Halsausschnittkante bügeln.

SO WIRD'S GEMACHT

1 Hintere Mitte des Oberteils nähen: Die Schnittkanten der hinteren Mitte versäubern. Diese rechts auf rechts aufeinanderlegen und die hintere Mitte bei 1 cm bis zum Schlitz schließen. Naht auseinanderbügeln und die Schlitzkanten nach links bügeln. An der äußeren versäuberten Kante vom Schlitz die Nahtzugabe auf das Teil steppen.

2 Schulter und Seitennähte: Vorder- und Rückenteil rechts auf rechts an den Schnittkanten aufeinanderlegen und zusammenstecken. Schulter und Seitennähte schließen und versäubern. Die Nahtzugaben in das Rückenteil bügeln.

3 Halsausschnitt: Vorderen und hinteren Halsausschnittbeleg an den Schulterkanten rechts auf rechts aufeinanderlegen, nähen und die Nahtzugaben auseinanderbügeln. Die äußere Belegschnittkante versäubern. Den Beleg rechts auf rechts auf die Schnittkante des Halsausschnittes legen, Nahtzugaben in der hinteren Mitte stehen über, feststecken. Schulternähte von Oberteil und Beleg liegen exakt aufeinander, Naht nähen. In der vorderen Mitte die Nahtzugabe bis kurz vor die Spitze einschneiden. Im Schulterbereich (ca. 5 cm zum Vorder- bzw. Rückenteil) die Nahtzugaben versetzt einschneiden. Den Beleg nach links wenden und in den Nahtbruch bügeln. Die Nahtzugabe des Belegs in der hinteren Mitte nach links schlagen, die äußere versäuberte Kante auf dem Oberteil feststecken und schmalkantig aufsteppen.

3A

3B

Von Hand den Beleg in der hinteren Mitte anstaffieren. Den Druckknopf in der hinteren Mitte von Hand an Beleg und Rückenteil nähen.

4 **Ärmel nähen:** Ärmel an den Längsschnittkanten rechts auf rechts legen und die Naht schließen. Nahtzugaben versäubern und nach hinten bügeln. Rüsche vorbereiten und am Ärmel annähen: Die kurzen Kanten rechts auf rechts legen, die Naht schließen und auseinanderbügeln. Die langen Schnittkanten links auf links aufeinanderlegen und den Bruch scharf einbügeln. An der Schnittkante die Rüsche einkräuseln, siehe Workshop auf Seite 13. Ärmelrüsche rechts auf rechts auf die untere Ärmelkante legen. Feststecken, darauf achten, dass die Naht in der Rüsche an der Ärmelnaht liegt, Naht nähen und versäubern. Nahtzugabe in den Ärmel bügeln und von rechts fußbreit steppen.

4A

4B

5 **Ärmel einnähen:** Beim Einsetzen des Ärmels stets darauf achten, dass der rechte Ärmel in das rechte Armloch und der linke Ärmel in das linke Armloch genäht wird. Die Ärmelnaht liegt rechts auf rechts auf der Seitennaht. Ärmelrundung laut Passzeichen kantenbündig in das Armloch stecken und nähen. Nahtzugaben versäubern.

6 **Rüsche für den Tascheneingriff vorbereiten:** Streifen an den langen Schnittkanten links auf links legen und den Bruch scharf einbügeln. Schnittkanten einkräuseln, siehe Workshop auf Seite 13.
Den Taschenbeutel links auf links unter die Vorderhose legen, so dass die Schnittkanten der Tascheneingriffe deckungsgleich aufeinanderliegen. Tascheneingriff fußbreit zusammensteppen. Angekräuselte Taschenrüsche rechts auf rechts auf den Tascheneingriff der Vorderhose legen, alle Schnittkanten liegen aufeinander, fußbreit zusammensteppen.
Eine 1,5 cm breite und ca. 20 cm lange Schablone aus festem Papier anfertigen. Die Schablone so auf den Einfass-Streifen (rechts liegt unten) legen, dass die Nahtzugabe von 0,7 cm auf beiden Seiten gleichmäßig sichtbar ist. Nahtzugabe um die Schablone herum auf die Schablone bügeln. Den aufgeklappten Einfass-Streifen rechts auf links (liegt auf dem Taschenbeutel) bei 0,7 cm an den Tascheneingriff legen und in dem eingebügelten Bruch nähen. Nahtzugabe in den Einfass-Streifen bügeln und den Einfass-Streifen auf die rechte Seite schlagen. Die Bruchkante des Einfass-Streifens auf die sichtbare Naht legen und feststecken. Die Bruchkante schmalkantig feststeppen.
Den Taschenbeutel mit Hüftteil laut Markierung rechts auf rechts auf den Taschenbeutel legen, so dass die Schnittkanten der Taschenbeutel deckungsgleich aufeinanderliegen. Die Taschenbeutelrundung mit ein paar Stecknadeln befestigen. Taschenbeutel schließen und versäubern. Obere und seitliche Taschenbeutelkanten von rechts fußbreit auf die Nahtzugabe der Vorderhose steppen.

7 **Vorder- und Hinterhose zusammennähen:** Vorder- und Hinterhose jeweils rechts auf rechts legen, so dass die Schnittkanten der Seitennähte und der inneren Beinnähte deckungsgleich aufeinanderliegen. Diese Strecken zusammenstecken, bei 1 cm nähen und die Nahtzugaben versäubern. Seitennähte und innere Beinnähte in die Hinterhose bügeln.

8 **Schrittnaht schließen:** Um die Schrittnaht zu schließen, beide Hosenbeine rechts auf rechts ineinanderlegen. Dabei darauf achten, dass die inneren Hosenbeinnähte deckungsgleich aufeinanderliegen, Schrittkanten stecken und die Naht nähen. Nahtzugaben versäubern und auf eine Seite bügeln.

9 **Saum:** Die untere Hosenbeinkante versäubern, 2 cm nach links bügeln. Den umgebügelten Saum bei 1 cm einschlagen und den Umbruch schmalkantig feststeppen.

10 **Hose mit Oberteil verbinden:** Hose und Oberteil an den Taillenkanten rechts auf rechts aufeinanderlegen, so dass Seitennähte, vordere und hintere Mitte von Hose und Oberteil exakt aufeinanderliegen. Die Strecke stecken, zusammennähen und versäubern. Das 3 mm breite Gummiband auf die gewünschte Taillenweite plus 2 cm Nahtzugabe schneiden, an den Gummibandenden 2 cm übereinanderlegen und von Hand zusammennähen. Den Ring in 4 gleichgroße Abschnitte aufteilen und die Viertelpunkte mit Stecknadeln markieren. Gummibandring von links an die Nahtzugaben der Taillennaht legen, sodass die markierten Stellen jeweils an den Seitennähten, an der vorderen und an der hinteren Mitte liegen. Das Gummiband mittig im gedehnten Zustand auf die Nahtzugabe steppen.

Linnea

Overall Blumenprint auf Schwarz

Größe **36–44**
Schwierigkeit **✲✲**
Schnittbogen **D in Rot**
Schnittbogen **D in Schwarz**

Meine Reise-Liebe! Durchgeknöpfter Overall mit langen Ärmeln und langer Hose in luftig weiter Schnittform. Aus knitterfreiem Stoff ein perfekter Reisebegleiter für Sightseeing Städte-Touren. Aus dem Koffer nehmen, überziehen und los geht´s!

MATERIAL

- Baumwoll-Druck (100% Baumwolle, 150 cm breit), 3,40 m für alle Größen
- Formband in Schwarz (1 cm breit), 1 m
- Gummiband in Schwarz (1 cm breit), 1,50 m
- Knöpfe, 5 Stück
- Farblich passendes Nähgarn

ZUSCHNEIDEN

Die Schnittteile der gewünschten Größe vom Bogen auf Papier kopieren und ausschneiden.
Bitte beachten: Den Taschenbeutel aus dem Taschenbeutel mit Hüftteil als Extra-Schnittteil kopieren.

Den Stoff in den Bruch legen, so dass Webkante auf Webkante liegt. Die Schnittteile gemäß Zuschneideplan auf dem Stoff positionieren.
Als Nahtzugabe an der unteren Hosenkante 2 cm, an der unteren Ärmelkante 3 cm, an der vorderen Kante 6 cm und an den restlichen Schnittkanten 1 cm zugeben.

Schnittbogen D in Rot

Größe: **36**
Größe: **38**
Größe: **40**
Größe: **42**
Größe: **44**

Schnittteile

- **8** Vorderteil
- **9** Rückenteil
- **10** Ärmel
- **11** Stehkragen

Schnittbogen D in Schwarz

Größe: **36**
Größe: **38**
Größe: **40**
Größe: **42**
Größe: **44**

Schnittteile

- **1** Vorderhose
- **2** Hinterhose
- **3** Taschenbeutel mit Hüftteil
- **3** Taschenbeutel

VORBEREITEN

Das Formband von links auf die vordere und hintere Halsausschnittkante bügeln.

ZUSCHNEIDEPLAN

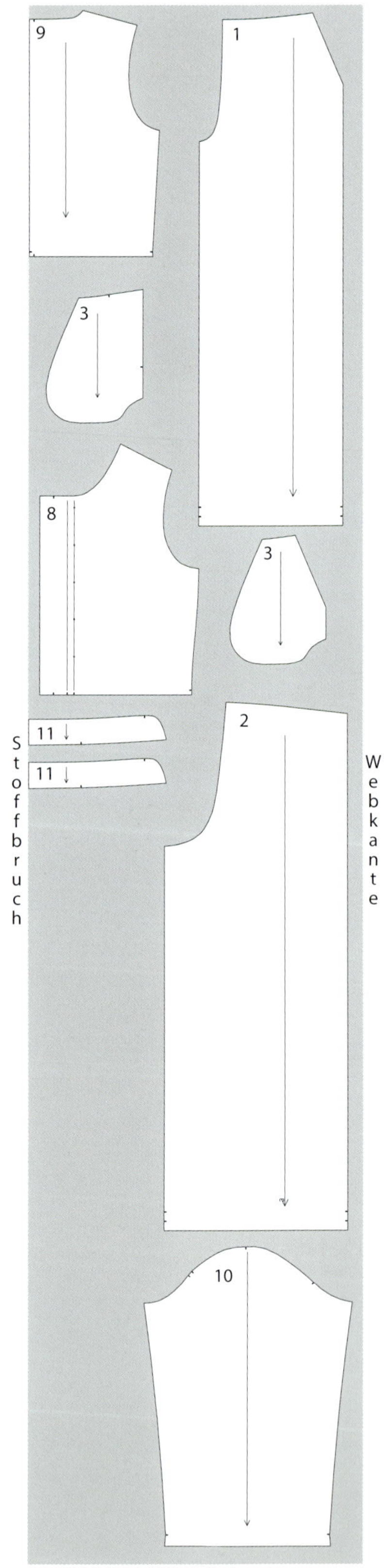

SO WIRD'S GEMACHT

1 **Vordere Kante einbügeln:** Zuerst eine 3 cm breite und ca. 40 cm lange Schablone aus festem Papier anfertigen. Die Schablone auf die vordere Kante des Oberteils (rechts unten) legen und bei 3 cm und nochmals 3 cm die vordere Kante doppelt einbügeln. Von links den Umbruch schmalkantig auf dem Vorderteil feststeppen.

2 **Schulternaht:** Vorder- und Rückenteil rechts auf rechts an den Schulterschnittkanten aufeinanderlegen, Schulternähte schließen und Nahtzugaben versäubern. Die Nahtzugaben in das Rückenteil bügeln.

3 **Ärmel nähen:** Ärmel rechts auf rechts auf das Armloch vom Oberteil legen und mit Stecknadeln feststecken. Beim Einsetzen des Ärmels stets darauf achten, dass der rechte Ärmel in das rechte Armloch und der linke Ärmel in das linke Armloch genäht wird. Ärmelrundung laut Passzeichen kantenbündig an das Armloch stecken und nähen. Nahtzugaben versäubern und in das Oberteil bügeln. Von rechts schmalkantig die Nahtzugabe auf das Oberteil steppen.

4 **Ärmel- und Seitennaht schließen:** Ärmel- und Seitenschnittkanten rechts auf rechts aufeinanderlegen und stecken. Darauf achten, dass die Ärmeleinsatznähte exakt aufeinanderliegen! Die Naht schließen, Nahtzugaben versäubern und in das Rückenteil bügeln.

5 **Ärmelsaum:** Die untere Ärmelkante 1 cm nach links bügeln und dann nochmals 2 cm nach links bügeln. Von links den Umbruch schmalkantig feststeppen, dabei eine kleine Öffnung von ca. 3 cm lassen. Das Gummiband für den Ärmelsaum auf die gewünschte Handgelenkweite plus 2 cm Nahtzugabe schneiden. Gummiband in den Tunnel ziehen, Gummibandenden 2 cm übereinanderlegen und zusammennähen. Tunnelöffnung schließen.

6 **Stehkragen:** Beide Stehkragen rechts auf rechts legen, und die obere Kante nähen. Nahtzugabe auf 0,5 cm zurückschneiden. Den Stehkragen auf die rechte Seite wenden und die obere Kante in den Nahtbruch bügeln. Den inneren Stehkragen rechts auf links an die Halsausschnittkante legen, mit Stecknadeln befestigen und darauf achten, dass die vordere Kante mit dem Stehkragen exakt abschließt! Die Naht nähen und die Nahtzugabe auf 0,5 cm zurückschneiden. Nahtzugabe in den Stehkragen bügeln. Den äußeren Stehkragen von rechts mit eingeschlagener Schnittkante schmalkantig auf die Kragenansatznaht steppen. Stehkragen bügeln.

7 **Knopflöcher und Knöpfe:** Laut Markierungen die Knopflöcher im rechten Vorderteil einarbeiten und die Knöpfe am linken Vorderteil annähen. **Tipp:** Wenn in der Nähmaschine kein automatisches Knopflochprogramm vorhanden ist, kann ein Knopfloch auch mit Raupen aus dichten Zickzackstichen genäht werden.

8 Eingrifftasche arbeiten: Den Taschenbeutel rechts auf rechts auf die Vorderhose legen, so dass die Schnittkanten der Tascheneingriffe deckungsgleich aufeinanderliegen. Diese Strecken stecken. Den Tascheneingriff bei 1 cm nähen. Anfang und Ende der Naht gut verriegeln. Nahtzugaben versäubern, den Taschenbeutel auf die linke Seite der Vorderhose umschlagen und in den Nahtbruch bügeln. Tascheneingriffkante füßchenbreit steppen. Den Taschenbeutel mit Hüftteil laut Markierung rechts auf rechts an den Taschenbeutel legen, so dass die Schnittkanten der Taschenbeutel deckungsgleich aufeinanderliegen. Die Taschenbeutelrundung mit ein paar Stecknadeln befestigen. Taschenbeutel schließen und versäubern. Obere und seitliche Taschenbeutelkanten von rechts fußbreit auf die Nahtzugabe der Vorderhose steppen.

9 Vorder- und Hinterhose zusammennähen: Vorder- und Hinterhose jeweils rechts auf rechts legen, so dass die Schnittkanten der Seitennähte und der inneren Beinnähte deckungsgleich aufeinanderliegen. Diese Strecken zusammenstecken, bei 1 cm nähen und die Nahtzugaben versäubern. Seitennähte und innere Beinnähte in die Hinterhose bügeln. Die äußeren Seitennähte schmal und fußbreit steppen.

10 Schrittnaht schließen: Um die Schrittnaht zu schließen, beide Hosenbeine rechts auf rechts ineinanderlegen. Dabei darauf achten, dass die inneren Hosenbeinnähte deckungsgleich aufeinanderliegen, Schrittkanten stecken und die Naht nähen. Nahtzugaben versäubern und auf eine Seite bügeln.

11 Saum: Die untere Hosenbeinkante versäubern und 2 cm nach links bügeln. Den umgebügelten Saum bei 1 cm einschlagen und den Umbruch schmalkantig feststeppen.

12 Hose mit Oberteil verbinden: Die Knopfleiste im Oberteil schließen. Die unteren Kanten der Knopfleiste fußbreit zusammensteppen. Hose und Oberteil an den Taillenkanten rechts auf rechts aufeinanderlegen, so dass Seitennähte, vordere und hintere Mitte von Hose und Oberteil exakt aufeinanderliegen. Die Strecke stecken, zusammennähen und versäubern. Das 3 mm breite Gummiband auf die gewünschte Taillenweite plus 2 cm Nahtzugabe schneiden, an den Gummibandenden 2 cm über einanderlegen und von Hand zusammennähen. Den Ring in 4 gleichgroße Abschnitte aufteilen und die Viertelpunkte mit Stecknadeln markieren. Gummibandring von links an die Nahtzugaben der Taillennaht legen, sodass die markierten Stellen jeweils an den Seitennähten, an der vorderen und an der hinteren Mitte liegen. Das Gummiband mittig im gedehnten Zustand auf die Nahtzugabe steppen.

Hanako

Jumpsuit in Orange-Lila-Creme

Größe **36–44**
Schwierigkeit **✽✽**
Schnittbogen **B in Schwarz**

Meine luftige Sommer-Liebe! Flatternd weit und ungezwungen im Schnitt, luftig und schwingend im Material. Das Outfit für jede Gelegenheit an heißen Sommertagen. Hier ein absolutes Highlight der farbenfrohe Print!

MATERIAL

- Viskose-Voile (100% Viskose, 135 cm breit), 2,80 – 2,80 – 3,00 – 3,00 – 3,00 m
- Gummiband in Weiß (1,5 cm breit), 2 m
- Farblich passendes Nähgarn

ZUSCHNEIDEN

Die Schnittteile der gewünschten Größe vom Bogen auf Papier kopieren und ausschneiden.
Bitte beachten: Das Vorder- und das Rückenteil aus dem oberen Vorder- und dem oberen Rückenteil als Extra-Schnittteil kopieren. Das obere Vorder- und Rückenteil im schrägen Fadenlauf zuschneiden. Vorderhose aus den Teilen 1 und 1x zusammensetzen. Hinterhose aus den Teilen 2 und 2y zusammensetzen.

Die Schnittteile gemäß Zuschneideplan auf dem Stoff positionieren. Als Nahtzugabe an der unteren Hosenkante 2 cm und an den restlichen Schnittkanten 1 cm zugeben.

Schnittbogen B in Schwarz

Größe: **36**
Größe: **38**
Größe: **40**
Größe: **42**
Größe: **44**

Schnittteile

- **11** oberes Vorderteil
- **11** Vorderteil
- **12** oberes Rückenteil
- **12** Rückenteil
- **1 + 1x** Vorderhose
- **2 + 2y** Hinterhose
- **3** Taschenbeutel

ZUSCHNEIDEPLAN

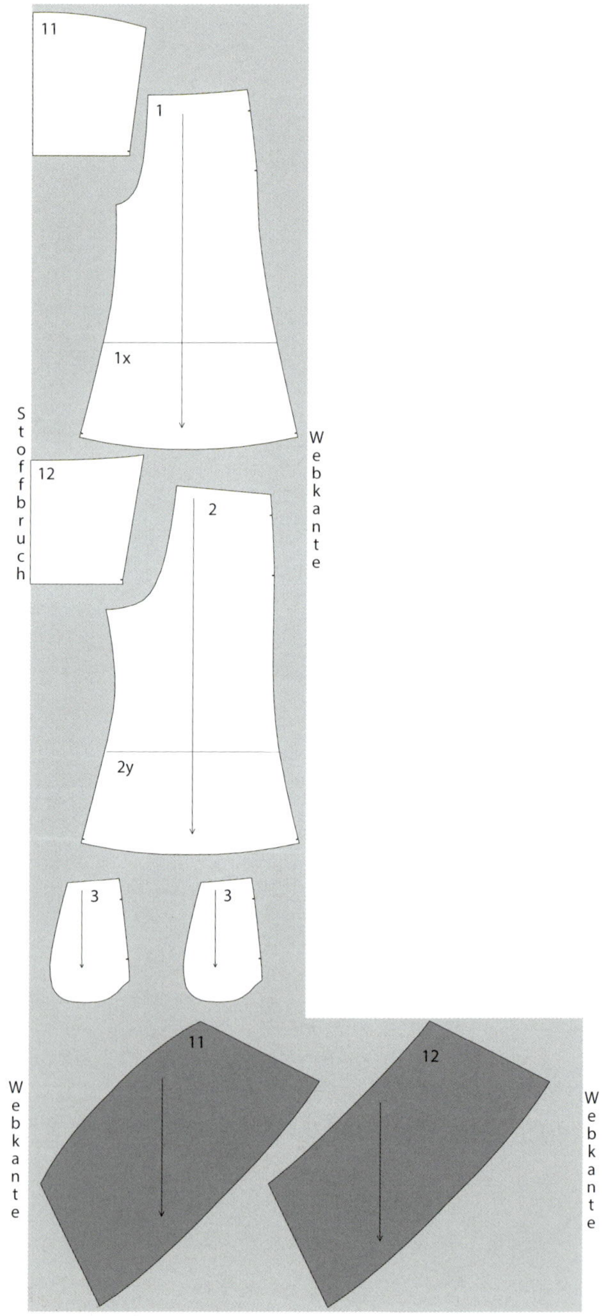

SO WIRD'S GEMACHT

1 **Oberteil arbeiten:** Vorder- und Rückenteil (= unteres Oberteil) rechts auf rechts legen und die Seitennähte bei 1 cm schließen. Nahtzugaben versäubern und nach hinten bügeln. Für das lose darüber fallende Oberteil den Arbeitsschritt mit dem oberen Vorder- und oberen Rückenteil wiederholen und danach an diesem den Saum arbeiten: Die Saumschnittkante 0,5 cm nach links schlagen und von links ganz schmal an der Umbruchkante (1 mm) steppen. Die gesamte Nahtzugabe bis kurz vor der Naht wegschneiden. Dann die Saumbruchkante nochmals nach links schlagen (2–3 mm) und genau auf der vorgesteppten Naht den Umbruch festnähen. Je schmaler der Saum, desto schöner die Wirkung.

2 **Beide Oberteile miteinander verbinden:** Obere Schnittkante des lose fallenden Oberteils (oberes Vorder- und oberes Rückenteil) rechts auf links auf die obere Schnittkante des unteren Oberteils (Vorder- und Rückenteil) legen und feststecken. Seitennähte beider Oberteile liegen exakt aufeinander. Die Naht bei 1 cm nähen und die Nahtzugabe versäubern. Danach das lose fallende Oberteil nach rechts wenden, und die obere Kante in den Nahtbruch bügeln. Das Gummiband auf die gewünschte Weite plus 2 cm Nahtzugabe schneiden, an den Gummibandenden 2 cm übereinanderlegen und zusammennähen. Den Ring in 4 gleichgroße Abschnitte aufteilen und die Viertelpunkte mit Stecknadeln markieren. Gummibandring zwischen die beiden Oberteile an die obere Nahtbruch-

kante legen, sodass die markierten Stellen jeweils an den Seitennähten, an den vorderen und an den hinteren Mitten liegen. Die Oberteillagen zusammenstecken und in gedehntem Zustand einen Tunnel von 2 cm Breite steppen, so dass das Gummiband locker in dem Tunnel liegen kann.

3 Seitennahttaschen in der Hose arbeiten: Den Taschenbeutel rechts auf rechts laut Markierung auf die Vorderhose legen, so dass die Schnittkanten der Tascheneingriffe deckungsgleich aufeinanderliegen. Diese Strecken stecken. Den Tascheneingriff bei 1 cm nähen. Anfang und Ende der Naht gut verriegeln. Die Nahtzugabe zu den Nahtenden einschneiden und an der Eingriffkante auseinanderbügeln. Die Kante in den Nahtbruch bügeln. Den Tascheneingriff fußbreit steppen. Den oberen Taschenbeutel rechts auf rechts auf den Taschenbeutel legen und feststecken.
Die seitliche Nahtzugabe des Taschenbeutels liegt in einer Linie mit der Seitenkante der Vorderhose. Den Taschenbeutel schließen und die Schnittkanten versäubern. Die seitlichen Nahtzugaben an die Seitenkante der Vorderhose nähen.

4 Vorder- und Hinterhose zusammennähen: Vorder- und Hinterhose jeweils rechts auf rechts legen, so dass die Schnittkanten der Seitennähte und der inneren Beinnähte deckungsgleich aufeinanderliegen. Diese Strecken stecken, bei 1 cm nähen und die Nahtzugaben versäubern. Seitennähte und innere Beinnähte in die Hinterhose bügeln.

5 Schrittnaht schließen: Um die Schrittnaht zu schließen, beide Hosenbeine rechts auf rechts ineinanderlegen. Dabei darauf achten, dass die inneren Hosenbeinnähte deckungsgleich aufeinanderliegen, Schrittkante stecken und die Naht nähen. Nahtzugaben versäubern und auf eine Seite bügeln.

6 Saum: Untere Hosenkante 2 cm nach links bügeln. Schnittkante 1 cm einschlagen und den doppelten Umbruch von links schmalkantig aufsteppen.

7 Hose mit Oberteil verbinden: Hose und Oberteil an den Taillenkanten rechts auf rechts aufeinanderlegen, so dass Seitennähte, vordere und hintere Mitte von Hose und Oberteil exakt aufeinanderliegen. Die Strecke stecken, zusammennähen und versäubern. Das 3 mm breite Gummiband auf die gewünschte Taillenweite plus 2 cm Nahtzugabe schneiden, an den Gummibandenden 2 cm übereinanderlegen und von Hand zusammennähen. Den Ring in 4 gleichgroße Abschnitte aufteilen und die Viertelpunkte mit Stecknadeln markieren. Gummibandring von links an die Nahtzugaben der Taillennaht legen, sodass die markierten Stellen jeweils an den Seitennähten, an der vorderen und an der hinteren Mitte liegen. Das Gummiband mittig im gedehnten Zustand auf die Nahtzugabe steppen.

Clivia
Overall Nadelstreifen

Größe **36–44**
Schwierigkeit ✱✱✱
Schnittbogen **A in Schwarz**

Meine elegante Business-Liebe! Die Stoffauswahl macht diesen Overall zum eleganten Begleiter für jedes wichtige Event im Beruf oder für andere Anlässe. Auf Figur geschnitten, durch Stretchanteile extrem komfortabler Business-Anzug, ohne stressiges... was passt dazu? Anziehen und fertig!

MATERIAL

- Leinen-Stretch (66% Leinen, 30% Baumwolle, 4% Lycra, 140 cm breit), 2,30 - 2,30 - 2,50 - 2,50 - 2,50 m
- Cupro-Jersey in Schwarz (96% Cupro, 4% Elasthan, 140 cm breit), 0,05 m
- Naht-Reißverschluss in Schwarz, 56 cm lang
- Gummiband in Schwarz (3 mm breit), 1 m
- Farblich passendes Nähgarn

ZUSCHNEIDEN

Die Schnittteile der gewünschten Größe vom Bogen auf Papier kopieren und ausschneiden.
Bitte beachten: Den Taschenbeutel aus dem Taschenbeutel mit Hüftteil als Extra-Schnittteil kopieren.

Den Stoff in den Bruch legen, so dass Webkante auf Webkante liegt. Die Schnittteile gemäß Zuschneideplan auf dem Stoff positionieren.
Als Nahtzugabe an der unteren Hosenkante 3 cm, an der vorderen und hinteren Halsausschnittkante sowie an der unteren Ärmelkante keine Zugabe und an den restlichen Schnittkanten 1 cm zugeben.

Schnittbogen A in Schwarz

Größe: **36** × × × × × ×
Größe: **38** — — — — —
Größe: **40** ○ ○ ○ ○ ○ ○ ○ ○
Größe: **42** —- —- —- —
Größe: **44** ————————

Schnittteile

- **5** Vorderteil
- **6** Rückenteil
- **7** Ärmel
- **1** Vorderhose
- **2** Hinterhose
- **3** Taschenbeutel mit Hüftteil
- **3** Taschenbeutel

ZUSCHNEIDEPLAN

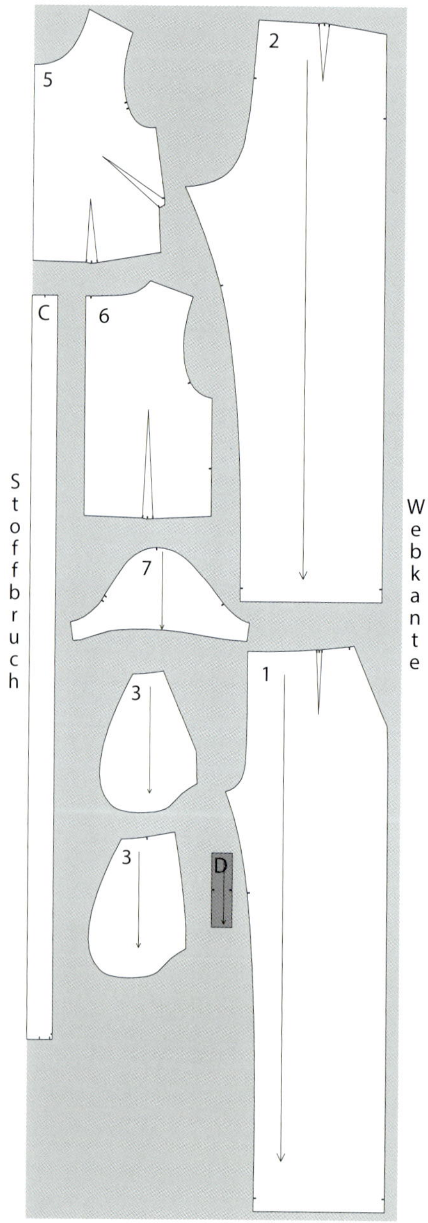

Nachfolgende Schnittteile sind mit Nahtzugabe angegeben.

- **A** Einfass-Streifen für Halsausschnittkante aus **Cupro-Jersey**: 5 cm kürzer als Halsausschnittkante, 3 cm breit (1x).
- **B** Einfass-Streifen für Ärmelsaumkante aus **Cupro-Jersey**: 3 cm kürzer als Ärmelsaumkante, 3 cm breit (2x).
- **C** Gürtel: 140 cm lang, 10 cm breit.
- **D** Gürtelschlaufen: 14 cm lang, 4 cm breit.

SO WIRD'S GEMACHT

Wichtig! Elastischer Stoff erfordert elastische Nähte, damit diese bei der Bewegung nicht reißen. Die meisten Nähmaschinen haben elastische Stiche im Programm, alternativ eignet sich ein schmal eingestellter Zickzackstich.

1 **Abnäher nähen:** Die Abnäher von Vorder- und Rückenteil, sowie Vorder- und Hinterhose an den Markierungen jeweils rechts auf rechts legen und in einer leicht konkaven Linie nähen. Nahtanfang und Nahtende gut verriegeln. Taillenabnäher zur vorderen bzw. hinteren Mitte bügeln, Brustabnäher nach unten.

2 **Schulter und Seitennähte:** Vorder- und Rückenteil rechts auf rechts aufeinanderlegen, Schulter- und Seitennähte schließen. Die Nahtzugaben versäubern und in das Rückenteil bügeln. Schnittkanten der hinteren Mitte versäubern.

3 **Halsausschnitt:** Zur Stabilisierung des Halsausschnittes einmal fußbreit von der Schnittkante eine Naht nähen. Den Einfass-Streifen rechts auf rechts gedehnt an den Halsausschnitt legen und feststecken. Bei 0,5 cm die Strecke nähen. Die Nahtzugabe an der hinteren Mitte nach links schlagen und den Streifen um die Nahtzugabe herum nach links wenden und feststecken. Darauf achten, dass die Nahtzugabe den Streifen gut ausfüllt. Von rechts knappkantig neben der Naht den Einfass-Streifen feststeppen. Von links die Nahtzugabe bis auf 2 mm wegschneiden.

4 Ärmel nähen: Ärmel an den Längsschnittkanten rechts auf rechts legen und nähen. Nahtzugaben versäubern und nach hinten bügeln. Den Einfass-Streifen an den kurzen Kanten zusammennähen und die Nahtzugabe auseinanderbügeln. Den Einfass-Streifen rechts auf rechts auf die untere Ärmelkante legen und feststecken. Die Naht vom Einfass-Streifen liegt exakt auf der Ärmelnaht. Weitere Verarbeitung, siehe Punkt 3.

5 Ärmel einnähen: Beim Einsetzen des Ärmels stets darauf achten, dass der rechte Ärmel in das rechte Armloch und der linke Ärmel in das linke Armloch genäht wird. Die Ärmelnaht liegt rechts auf rechts auf der Seitennaht. Ärmelrundung laut Passzeichen kantenbündig in das Armloch stecken und nähen. Nahtzugaben versäubern.

6 Eingrifftasche arbeiten: Den Taschenbeutel rechts auf rechts auf die Vorderhose legen, so dass die Schnittkanten der Tascheneingriffe deckungsgleich aufeinanderliegen. Diese Strecken feststecken. Den Tascheneingriff bei 1 cm nähen. Anfang und Ende der Naht gut verriegeln. Nahtzugaben versäubern, den Taschenbeutel auf die linke Seite der Vorderhose umschlagen und in den Nahtbruch bügeln. Danach die Tascheneingriffkante füßchenbreit steppen. Den Taschenbeutel mit Hüftteil laut Markierung rechts auf rechts auf den Taschenbeutel legen, so dass die Schnittkanten der Taschenbeutel deckungsgleich aufeinanderliegen. Die Taschenbeutelrundung mit ein paar Stecknadeln befestigen. Taschenbeutel schließen und versäubern. Obere und seitliche Taschenbeutelkanten von rechts fußbreit auf die Nahtzugaben der Vorderhose steppen.

7 Vorder- und Hinterhose zusammennähen: Vorder- und Hinterhose jeweils rechts auf rechts legen, so dass die Schnittkanten der Seitennähte und der inneren Beinnähte deckungsgleich aufeinanderliegen. Diese Strecken feststecken, bei 1 cm nähen und die Nahtzugaben versäubern. Seitennähte und innere Beinnähte in die Hinterhose bügeln.

8 Schrittnaht schließen: Vor dem Schließen der Schrittnaht die Schnittkanten separat versäubern. Um die Schrittnaht zu schließen beide Hosenbeine rechts auf rechts ineinanderlegen. Dabei darauf achten, dass die inneren Hosenbeinnähte deckungsgleich aufeinanderliegen, Schrittkanten stecken und die Schrittnaht – beginnend am Markierungspunkt des Reißverschlusses in der Hinterhose – nähen und bügeln.

9 Saum: Die untere Hosenkante versäubern und 3 cm nach links bügeln. Den umgebügelten Saum bei 1,5 cm einschlagen und den Umbruch schmalkantig feststeppen.

10 Hose mit Oberteil verbinden: Hose und Oberteil an den Taillenkanten rechts auf rechts aufeinanderlegen, so dass Seitennähte, vordere und hintere Mitte von Hose und Oberteil exakt aufeinanderliegen. Die Strecke stecken, zusammennähen und versäubern.

Das Gummiband auf die gewünschte Taillenweite schneiden. Das Gummiband in 4 gleichgroße Abschnitte aufteilen und die Viertelpunkte mit Stecknadeln markieren. Gummiband von links an die Nahtzugaben der Taillennaht stecken, sodass Anfang und Ende je 1 cm vor den hinteren Mitten und die markierten Stellen jeweils an den Seitennähten sowie an der vorderen Mitte liegen. Das Gummiband mittig im gedehnten Zustand auf die Nahtzugabe steppen.

11 **Naht-Reißverschluss:** Mit Hilfe eines Spezialfußes den Reißverschluss in die hintere Mitte einnähen. Reißverschlussanfang ist auf einer Horizontalen mit dem oberen Einfassende des Halslochs. Überstehendes Reißverschlussband nach links zwischen Rückenteil und Reißverschluss legen und ca. 2 cm von oberer Kante das Reißverschlussband längs an der äußeren Kante aufsteppen.

12 **Gürtelschlaufen:** Die Gürtelschlaufe an der Längsschnittkante rechts auf rechts legen und nähen. Schlaufe mit Hilfe einer Sicherheitsnadel auf rechts ziehen, den Nahtbruch und den Bruch bügeln. Schlaufe in zwei gleich lange Stücke schneiden und diese mit eingeschlagenen Schnittkanten auf die Seitennähte steppen.

13 **Bindegürtel:** Den Gürtel an den Längsschnittkanten rechts auf rechts legen und feststecken, kurze Kanten und lange Kante nähen. In der Mitte der langen Kante eine ca. 6 cm große Öffnung lassen. Durch die Öffnung den Gürtel auf die rechte Seite ziehen. Den Gürtel bügeln und dabei die genähte Naht in den Nahtbruch bügeln. Die Öffnung von Hand schließen.

Rosalia
Playsuit aus Baumwollspitze

Größe **36-44**
Schwierigkeit ✻✻✻
Schnittbogen **A in Schwarz**

Meine feminine Spitzen-Liebe! Sommerlicher Playsuit mit zurückhaltender Schnittführung, besticht schon von ganz alleine durch die gewählte hochwertige Baumwoll-Spitze mit Blumen-Print. Der Ärmelvolant unterstreicht die feminine Note.

MATERIAL

- Baumwollspitze bedruckt (70% Baumwolle, 30% Polyamid, 140 cm breit), 1,70 - 1,70 - 1,80 - 1,80 - 1,80 m
- Stretchfutter in Rosa (96% Acetat, 4% Elasthan, 138 cm breit), 1,00 - 1,00 - 1,00 - 1,10 - 1,10 m
- Naht-Reißverschluss in Rosa, 56 cm lang
- Gummiband in Weiß (3 mm breit), 1 m
- Formband in Weiß (1 cm breit), 1 m
- Farblich passendes Nähgarn

ZUSCHNEIDEN

Die Schnittteile der gewünschten Größe vom Bogen auf Papier kopieren und ausschneiden.
Bitte beachten: Die Futtervorder- und die Futterhinterhose aus der Vorder- bzw. Hinterhose als Extra-Schnittteil kopieren.

Den Stoff und das Futter jeweils in den Bruch legen, so dass Webkante auf Webkante liegt. Die Schnittteile gemäß Zuschneideplan auf dem Stoff und auf dem Futter positionieren.
Als Nahtzugabe an der unteren Oberstoff-Hosenkante 4 cm, an der unteren Futter-Hosenkante 2 cm und an den restlichen Schnittkanten 1 cm zugeben.

Schnittbogen A in Schwarz

Größe: **36** × × × × × ×
Größe: **38** — — — — —
Größe: **40** ○ ○ ○ ○ ○ ○ ○ ○
Größe: **42** —- —- —- —
Größe: **44** ————

Schnittteile

- **5** Vorderteil
- **6** Rückenteil
- **7** Ärmel
- **8** Ärmelvolant
- **1** Vorderhose
- **1** Futtervorderhose
- **2** Hinterhose
- **2** Futterhinterhose

ZUSCHNEIDEPLAN

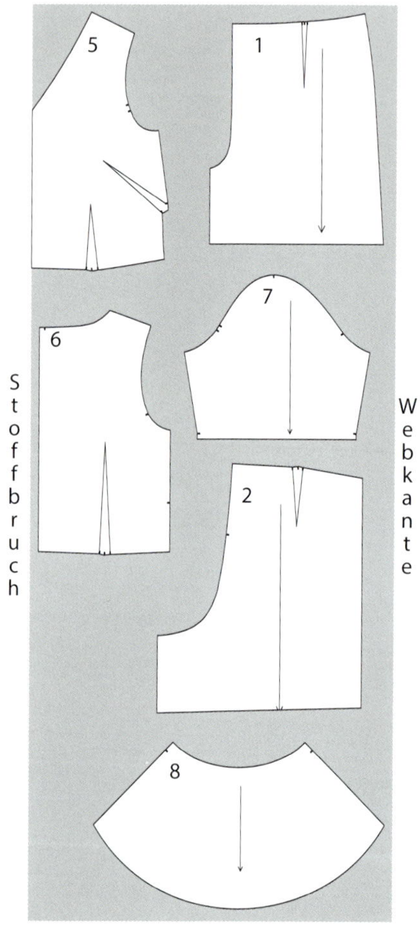

Futterstoff

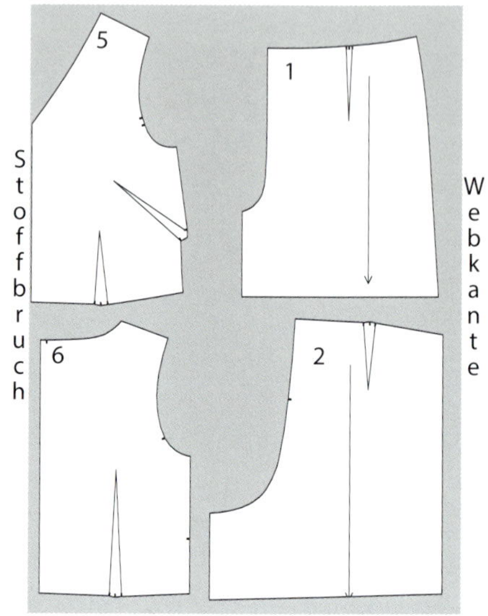

VORBEREITEN

Das Formband von links auf die vordere und hintere Halsausschnittkante des Futters bügeln.

SO WIRD'S GEMACHT

Wichtig! Elastischer Stoff erfordert elastische Nähte, damit diese bei der Bewegung nicht reißen. Die meisten Nähmaschinen haben elastische Stiche im Programm, alternativ eignet sich ein schmal eingestellter Zickzackstich.

1 **Abnäher nähen bei Futter und Oberstoff:** Die Abnäher von Vorder- und Rückenteil, sowie Vorder- und Hinterhose an den Markierungen jeweils rechts auf rechts legen und in einer leicht konkaven Linie nähen. Nahtanfang und Nahtende gut verriegeln. Taillenabnäher zur vorderen bzw. zur hinteren Mitte bügeln, Brustabnäher nach unten.

2 **Schulter und Seitennähte bei Futter und Oberstoff schließen:** Zur Stabilisierung des Halsausschnittes (Spitze) einmal fußbreit von der Schnittkante eine Naht nähen. Vorder- und Rückenteil rechts auf rechts aufeinanderlegen, die Schulter- und Seitennähte schließen. Die Nahtzugaben versäubern und in das Rückenteil bügeln. Schnittkanten der hinteren Mitte versäubern.

3 **Vorder- und Hinterhose bei Futter und Oberstoff zusammennähen:** Vorder- und Hinterhose jeweils rechts auf rechts legen, so dass die Schnittkanten der Seitennähte und der inneren Beinnähte deckungsgleich aufeinanderliegen. Diese Strecken stecken, bei 1 cm nähen und die Nahtzugaben versäubern. Die Seitennähte und die inneren Beinnähte in die Hinterhose bügeln.

4 Schrittnaht bei Futter und Oberstoff schließen: Vor dem Schließen der Schrittnaht die Schnittkanten separat versäubern. Um die Schrittnaht zu schließen, beide Hosenbeine rechts auf rechts ineinanderlegen. Dabei darauf achten, dass die inneren Hosenbeinnähte deckungsgleich aufeinanderliegen, Schrittkanten stecken und die Naht – beginnend am Markierungspunkt des Reißverschlusses in der Hinterhose – nähen und bügeln.

5 Saum bei Futter und Oberstoff: Die untere Kante nach links bügeln, nochmals zur Hälfte einschlagen, und den Umbruch an der äußeren Bruchkante von links feststeppen.

6 Hose mit Oberteil verbinden bei Futter und Oberstoff: Hose und Oberteil an der Taillenkante rechts auf rechts aufeinanderlegen. Seitennähte, vordere und hintere Mitte von Hose und Oberteil müssen wieder exakt aufeinanderliegen. Die Strecke mit Stecknadeln fixieren, nähen und die Nahtzugaben versäubern. Nahtzugaben in die Hose bügeln.

7 Ärmel nähen: Ärmel an den Längsschnittkanten rechts auf rechts legen und nähen. Nahtzugaben versäubern und nach hinten bügeln. Die Längsschnittkanten des Ärmelvolants rechts auf rechts aufeinanderlegen, die Naht nähen, Nahtzugaben versäubern und nach hinten bügeln. Die Schnittkante des unteren Volantrandes 0,5 cm nach links schlagen und von links ganz schmal an der Umbruchkante (1 mm) die Kante steppen. Danach die gesamte Nahtzugabe bis kurz vor der Naht wegschneiden. Danach die Saumbruchkante nochmals nach links schlagen (2–3 mm) und genau auf der vorgesteppten Naht den Umbruch festnähen. Je schmaler der Saum, desto schöner die Wirkung. Ärmel und Volant rechts auf rechts legen und die Kanten stecken, die Nähte liegen exakt aufeinander. Die Strecke nähen und die Nahtzugaben versäubern.

8 Naht-Reißverschluss: Mit Hilfe eines Spezialfußes den Reißverschluss in die hintere Mitte des Oberstoffteils einnähen.

9 Oberstoff mit Futter verstürzen: Halsausschnittkante des Futterteils rechts auf rechts auf die Halsausschnittkante des Oberstoffteils legen und feststecken. Bei 1 cm die Strecke nähen. Nahtzugaben versäubern. In der vorderen Mitte die Nahtzugabe bis kurz vor der Spitze einschneiden. Im Schulterbereich ca. 5 cm zum Vorder- bzw. Rückenteil die Nahtzugaben einschneiden. Das Futter nach links wenden, die Nahtzugabe in das Futterteil bügeln und eine Untersteppnaht nähen. Halsausschnitt in den Nahtbruch bügeln. In der hinteren Mitte das Futter an den Reißverschluss nähen. Die Armlochschnittkanten von Futter und Oberstoff links auf links aufeinanderlegen, feststecken und zusammennähen.

10 Ärmel einnähen: Beim Einsetzen des Ärmels stets darauf achten, dass der rechte Ärmel in das rechte Armloch und der linke Ärmel in das linke Armloch genäht wird. Die Ärmelnaht liegt rechts auf rechts auf der Seitennaht. Ärmelrundung laut Passzeichen kantenbündig in das Armloch stecken und nähen. Nahtzugaben versäubern.

11 Futter- und Oberstoffteile in der Taille zusammennähen: Von links in der Taille die Nahtzugaben von Futter und Oberstoff zusammenstecken und auf der Nahtzugabe zusammennähen. Das Gummiband auf die gewünschte Taillenweite schneiden. Das Gummiband in 4 gleichgroße Abschnitte aufteilen und die Viertelpunkte mit Stecknadeln markieren. Gummiband von links an die Nahtzugaben der Taillennaht stecken, sodass Anfang und Ende je 1 cm vor den hinteren Mitten und die markierten Stellen jeweils an den Seitennähten sowie an der vorderen Mitte liegen. Das Gummiband mittig im gedehnten Zustand auf die Nahtzugabe steppen.

11A

11B

Lale
Overall mit Korsagenoberteil

Größe **36–44**
Schwierigkeit ✱✱✱
Schnittbogen **A in Rot**

Meine Hippie-Liebe! Hier haben wir unseren Hippie-Jumpsuit für die etwas Mutigeren unter uns. Dieser Jumpsuit fällt auf! Material und Schnitt, beides originell und ideal vereint!

MATERIAL

- Viskose-Print (96% Viskose, 4% Elasthan, 130 cm breit), 2,80 m für alle Größen
- Naht-Reißverschluss in Braun, 30 cm lang
- Wirkeinlage in Schwarz (90 cm breit), 1,20 m
- Gummiband in Schwarz (3 mm breit), 1 m
- Formband in Schwarz (1 cm breit), 1 m
- Farblich passendes Nähgarn

ZUSCHNEIDEN

Die Schnittteile der gewünschten Größe vom Bogen auf Papier kopieren und ausschneiden.
Bitte beachten: Die Vorderteil-Blende aus dem Vorderteil, die seitliche Vorderteil-Blende aus dem seitlichen Vorderteil, die Rückenteil-Blende aus dem Rückenteil und die seitliche Rückenteil-Blende aus dem seitlichen Rückenteil als Extra-Schnittteil kopieren. Vorderteil, seitliches Vorderteil, Rückenteil und seitliches Rückenteil jeweils 2x zuschneiden. Vorderhose aus den Teilen 15 und 15x zusammensetzen. Hinterhose aus den Teilen 16 und 16y zusammensetzen.

Den Stoff in den Bruch legen, so dass Webkante auf Webkante liegt. Die Schnittteile gemäß Zuschneideplan auf dem Stoff positionieren.
Als Nahtzugabe an der unteren Hosenkante 2,5 cm und an den restlichen Schnittkanten 1 cm zugeben.

Schnittbogen A in Rot

Größe: **36**
Größe: **38**
Größe: **40**
Größe: **42**
Größe: **44**

Schnittteile

- **13** Vorderteil
- **13** Vorderteil-Blende
- **14** seitliches Vorderteil
- **14** seitliche Vorderteil-Blende
- **4** Rückenteil
- **4** Rückenteil-Blende
- **10** seitliches Rückenteil
- **10** seitliche Rückenteil-Blende
- **15 + 15x** Vorderhose
- **16 + 16y** Hinterhose
- **18** Träger

Nachfolgendes Schnittteil ist mit Nahtzugabe angegeben.

- **A** Taillenbund: 4 cm kürzer als Taillenkante, 12 cm breit.

VORBEREITEN

Vorderteil, seitliches Vorderteil, Rückenteil, seitliches Rückenteil, Vorder- und Rückenteilblende, seitliche Vorder- und seitliche Rückenteil-Blende und den Träger aus der Wirkeinlage zuschneiden und auf die entsprechenden Teile bügeln. Das Formband von links auf die oberen Blendenkanten bügeln.

ZUSCHNEIDEPLAN

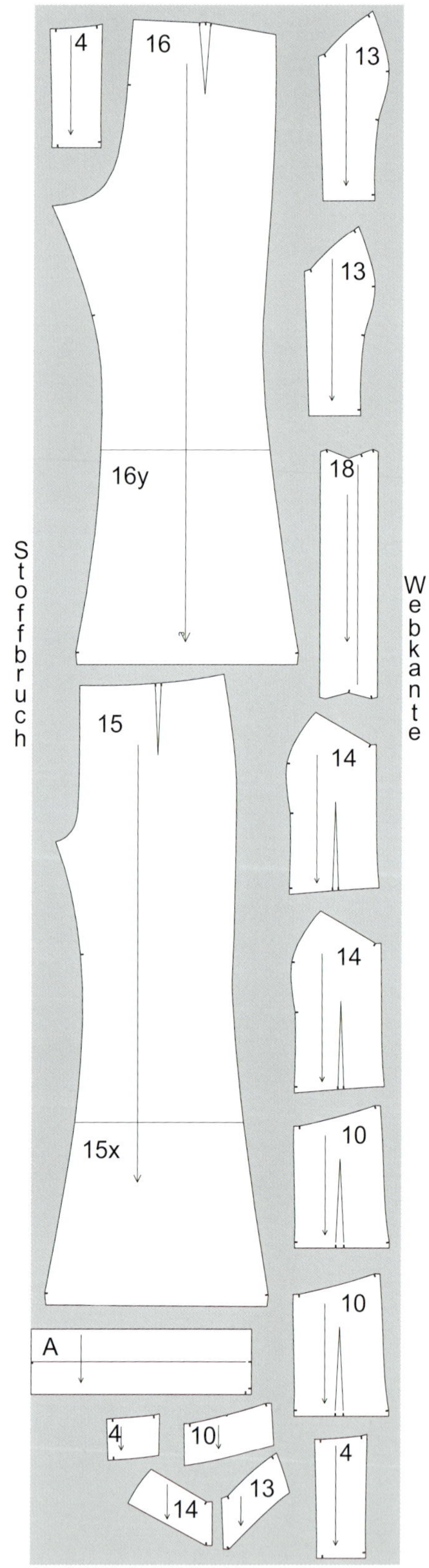

SO WIRD'S GEMACHT

Wichtig! Elastischer Stoff erfordert elastische Nähte, damit diese bei der Bewegung nicht reißen. Die meisten Nähmaschinen haben elastische Stiche im Programm, alternativ eignet sich ein schmal eingestellter Zickzackstich.

1 **Abnäher nähen:** Die Abnäher im seitlichen Vorder- und im seitlichen Rückenteil, sowie in der Vorder- und Hinterhose, an den Markierungen jeweils rechts auf rechts legen und in einer leicht konkaven Linie nähen. Nahtanfang und Nahtende gut verriegeln. Abnäher zur vorderen bzw. hinteren Mitte bügeln.

2 **Vorderteil nähen (bei Oberstoff sowie Futter):** Die unteren Blendenkanten 1 cm nach links bügeln. Die oberen Schnittkanten der jeweiligen Blende links auf rechts an die oberen Kanten des entsprechenden Oberstoffteils legen und feststecken. Die untere umgebügelte Bruchkante feststecken und schmalkantig aufsteppen. Die obere Schnittkante auf der Nahtzugabe zusammennähen. Die Vorderteile an der vorderen Mitte rechts auf rechts aufeinanderlegen und die Naht schließen. Seitliche Vorderteile jeweils rechts auf rechts auf das Vorderteil legen und die Teilungsnaht schließen. Die Nahtzugaben auseinanderbügeln. Darauf achten, dass der Blendenabschluss an den Nähten stimmig abschließt. Futterteile (ohne Blenden) ebenso nähen.

3 **Rückenteil nähen (bei Oberstoff sowie Futter):** Die unteren Blendenkanten 1 cm nach links bügeln. Die

oberen Schnittkanten der jeweiligen Blende links auf rechts an die oberen Kanten des entsprechenden Oberstoffteils legen und feststecken. Die untere umgebügelte Bruchkante feststecken und schmalkantig aufsteppen. Die obere Schnittkante zusammennähen. Hintere Mitte im Rückenteil separat versäubern. Seitliche Rückenteile jeweils rechts auf rechts auf das Rückenteil legen und die Teilungsnaht schließen. Die Nahtzugaben auseinanderbügeln. Darauf achten, dass der Blendenabschluss an den Nähten stimmig abschließt. Futterteile (ohne Blenden) ebenso nähen.

4 **Seitennaht schließen (bei Oberstoff sowie Futter):** Vorder- und Rückenteil an den Seiten rechts auf rechts aufeinanderlegen, die Naht schließen und die Nahtzugaben auseinanderbügeln.

5 **Träger nähen:** Trägerstreifen an den langen Kanten rechts auf rechts zur Hälfte legen und die langen Kanten zusammennähen. Mit einer Sicherheitsnadel den Träger auf die rechte Seite wenden, den Nahtbruch und den Bruch bügeln. Träger mit einer kurzen Kante am Vorderteil rechts auf rechts, mittig an der vorderen Teilungsnaht auflegen, feststecken und an der Nahtzugabe festnähen.

6 **Oberteile verstürzen:** Die obere Kante von Oberstoff- und Futter-Oberteil rechts auf rechts legen – Träger liegen dabei innen zwischen Oberstoff und Futter, die Teilungsnähte müssen exakt aufeinanderliegen – und feststecken, Naht nähen. Die Oberteile links auf links wenden, die obere Kante in den Nahtbruch bügeln und fußbreit absteppen. Die unteren Schnittkanten sowie die Schnittkanten der hinteren Mitte links auf links aufeinanderlegen – alle Längsteilungsnähte von Futter und Oberstoff müssen deckungsgleich aufliegen – stecken und die Kanten auf der Nahtzugabe zusammennähen. Träger am Rückenteil auf die Innenseite legen, in gewünschter Länge am oberen Rückenteilrand fixieren und von rechts knappkantig feststeppen.

7 **Vorder- und Hinterhose zusammennähen:** Vorder- und Hinterhose jeweils rechts auf rechts legen, so dass die Schnittkanten der Seitennähte und der inneren Beinnähte deckungsgleich aufeinanderliegen. Diese Strecken stecken und bei 1 cm nähen. Nahtzugaben versäubern. Seitennähte und innere Beinnähte in die Hinterhose bügeln.

8 **Schrittnaht schließen:** Vor dem Schließen der Schrittnaht die Schnittkanten separat versäubern. Um die Schrittnaht zu schließen, beide Hosenbeine rechts auf rechts ineinanderlegen. Dabei darauf achten, dass die inneren Hosenbeinnähte deckungsgleich aufeinanderliegen, Schrittkanten stecken und die Naht – beginnend am Markierungspunkt des Reißverschlusses in der Hinterhose – nähen und bügeln.

9 **Saum:** Die unteren Hosenkanten versäubern, 2,5 cm nach links bügeln und an der versäuberten Kante den Umschlag feststeppen.

10 **Hose mit Oberteil verbinden:** Den Taillenbund an den langen Kanten links auf links in den Bruch legen, den Bruch scharf einbügeln und die Schnittkanten fußbreit zusammensteppen. Den Taillenbund mit den Schnittkanten gedehnt rechts auf rechts an die Taillenschnittkante der Hose legen, feststecken und nähen. Hose und Oberteil an den Taillenkanten rechts auf rechts aufeinanderlegen, so dass Seitennähte, vordere und hintere Mitte von Hose und Oberteil exakt aufeinanderliegen – Taillenbund liegt dazwischen. Die Strecke stecken, zusammennähen und versäubern. Taillenbund und Nahtzugabe in das Oberteil bügeln.
Das Gummiband auf die gewünschte Taillenweite schneiden. Das Gummiband in 4 gleichgroße Abschnitte aufteilen und die Viertelpunkte mit Stecknadeln markieren. Gummiband von links an die Nahtzugaben der Taillennaht stecken, sodass Anfang und Ende je 1 cm vor den hinteren Mitten und die markierten Stellen jeweils an den Seitennähten sowie an der vorderen Mitte liegen. Das Gummiband mittig im gedehnten Zustand auf die Nahtzugabe steppen.

11 **Naht-Reißverschluss:** Mit Hilfe eines Spezialfußes den Reißverschluss in die hintere Mitte einnähen. Reißverschlussanfang ist auf einer Horizontalen mit der oberen Kante des Oberteils. Überstehendes Reißverschlussband nach links zwischen Rückenteil und Reißverschluss legen und das gesamte Reißverschlussband längs an der äußeren Kante auf Oberteil und Hinterhose steppen.

Ivy
Jumpsuit in Grün

Größe **36–44**
Schwierigkeit ✲✲
Schnittbogen **B in Schwarz und Rot**

Meine Casual-Liebe! Dieser super-bequeme Jersey-Jumpsuit ist nicht nur schnell genäht, sondern auch absolut alltagstauglich, ob im Café oder zum Sport oder einfach nur mit dem Hund spazieren gehen.

MATERIAL

- Viskose-Jersey (94% Viskose, 6% Elasthan, 150 cm breit), 1,90 - 1,90 - 2,10 - 2,10 - 2,10 m
- Gummiband in Weiß (3 mm breit), 1 m
- kleiner Druckknopf
- Farblich passendes Nähgarn

ZUSCHNEIDEN

Die Schnittteile der gewünschten Größe vom Bogen auf Papier kopieren und ausschneiden.
Bitte beachten: Vorderhose aus den Teilen 1 und 1x zusammensetzen. Hinterhose aus den Teilen 2 und 2y zusammensetzen.

Den Stoff in den Bruch legen, so dass Webkante auf Webkante liegt. Die Schnittteile gemäß Zuschneideplan auf dem Stoff positionieren.
Als Nahtzugabe an der unteren Hosenkante 3 cm und an den restlichen Schnittkanten 1 cm zugeben.

Schnittbogen B in Schwarz und Rot

Größe: **36** ——— ———
Größe: **38** ○○○○○○○○
Größe: **40** — — — — —
Größe: **42** ✳ ✳ ✳ ✳ ✳ ✳
Größe: **44** ————————

Schnittteile

- **6** Vorderteil
- **7** Rückenteil
- **1 + 1x** Vorderhose
- **2 + 2y** Hinterhose
- **3** Taschenbeutel

Nachfolgende Schnittteile sind mit Nahtzugabe angegeben.

- **A** Halsausschnittblende: 6 cm kürzer als Halsausschnittkante, 4 cm breit.
- **B** Armausschnittblende: 4 cm kürzer als Armausschnittkante, 4 cm breit.

ZUSCHNEIDEPLAN

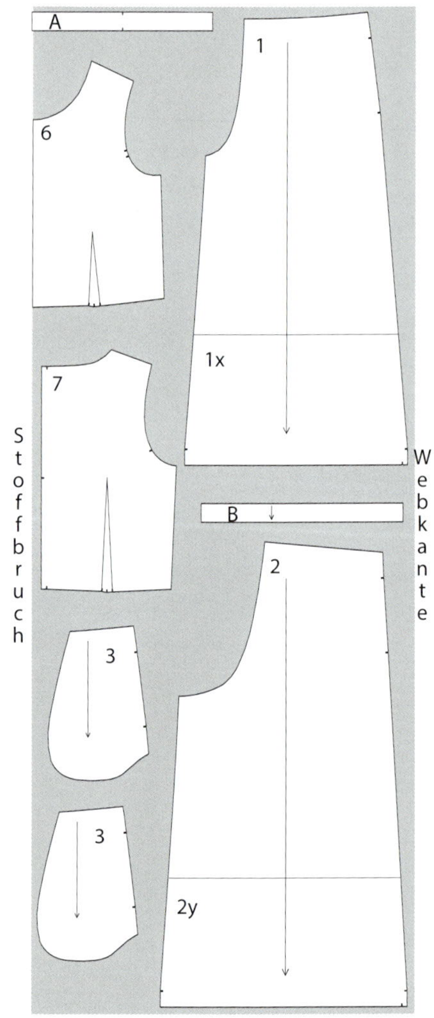

SO WIRD'S GEMACHT

Wichtig! Elastischer Stoff erfordert elastische Nähte, damit diese bei der Bewegung nicht reißen. Die meisten Nähmaschinen haben elastische Stiche im Programm, alternativ eignet sich ein schmal eingestellter Zickzackstich.

1 **Hintere Mitte vom Oberteil nähen:** Die Schnittkanten der hinteren Mitte versäubern. Diese rechts auf rechts aufeinanderlegen und die hintere Mitte bei 1 cm bis zum Schlitz schließen. Nahtzugaben auseinanderbügeln und den Schlitz einbügeln. An der äußeren versäuberten Kante des Schlitzes die Nahtzugabe auf das Rückenteil steppen.

2 **Abnäher nähen:** Die Abnäher von Vorder- und Rückenteil an den Markierungen jeweils rechts auf rechts legen und in einer leicht konkaven Linie nähen. Nahtanfang und Nahtende gut verriegeln. Abnäher zur vorderen bzw. hinteren Mitte bügeln.

3 **Schulter und Seitennähte:** Vorder- und Rückenteil rechts auf rechts aufeinanderlegen, Schulter- und Seitennähte schließen. Die Nahtzugaben versäubern und in das Rückenteil bügeln.

4 **Halsausschnittblende:** Die Blende an den kurzen Kanten 1 cm nach links bügeln. Dann die langen Schnittkanten der Blende links auf links legen, so dass sie bündig abschließen und die Strecke in den Bruch bügeln. Die Blende im gedehnten Zustand rechts auf rechts an die Halsausschnittkante legen und feststecken.

Die Strecke nähen und versäubern. Die Nahtzugabe nach links legen, und von rechts fußbreit steppen. Den Druckknopf von Hand in der hinteren Mitte auf die Blende nähen.

5 **Armausschnittblende:** Die Blende an den kurzen Kanten rechts auf rechts zum Ring schließen, weitere Verarbeitung wie in Punkt 4. Beim Annähen an die Armausschnittkante darauf achten, dass die Naht in der Blende exakt auf der Seitennaht liegt.

6 **Seitennahttaschen in der Hose arbeiten:** Den Taschenbeutel rechts auf rechts laut Markierung auf die Vorderhose legen, so dass die Schnittkanten der Tascheneingriffe deckungsgleich aufeinanderliegen. Diese Strecken stecken. Den Tascheneingriff bei 1 cm nähen. Anfang und Ende der Naht gut verriegeln. Die Nahtzugabe zu den Nahtenden einschneiden und an der Eingriffkante auseinanderbügeln. Die Kante in den Nahtbruch bügeln. Den Tascheneingriff fußbreit steppen. Den oberen Taschenbeutel rechts auf rechts auf den Taschenbeutel legen und feststecken. Die seitliche Nahtzugabe des Taschenbeutels liegt in einer Linie mit der Seitenkante der Vorderhose. Den Taschenbeutel schließen und die Schnittkanten versäubern. Die seitlichen Nahtzugaben an die Seitenkante der Vorderhose nähen.

7 **Vorder- und Hinterhose zusammennähen:** Vorder- und Hinterhose jeweils rechts auf rechts legen, so dass die Schnittkanten der Seitennähte und der inneren Beinnähte deckungsgleich aufeinanderliegen. Diese Strecken zusammenstecken und bei 1 cm nähen. Nahtzugaben versäubern. Seitennähte und innere Beinnähte in die Hinterhose bügeln.

8 **Schrittnaht schließen:** Um die Schrittnaht zu schließen, beide Hosenbeine rechts auf rechts ineinanderlegen. Dabei darauf achten, dass die inneren Hosenbeinnähte deckungsgleich aufeinanderliegen, Schrittkanten stecken und die Naht nähen. Nahtzugaben versäubern und auf eine Seite bügeln.

9 **Saum:** Die unteren Hosenkanten versäubern und 3 cm nach links bügeln. An der äußeren versäuberten Kante den Umbruch schmalkantig feststeppen.

10 **Hose mit Oberteil verbinden:** Hose und Oberteil an den Taillenkanten rechts auf rechts aufeinanderlegen, so dass Seitennähte, vordere und hintere Mitte von Hose und Oberteil exakt aufeinanderliegen. Die Strecke stecken, zusammennähen und versäubern. Das 3 mm breite Gummiband auf die gewünschte Taillenweite plus 2 cm Nahtzugabe schneiden, an den Gummibandenden 2 cm übereinanderlegen und von Hand zusammennähen. Den Ring in 4 gleichgroße Abschnitte aufteilen und die Viertelpunkte mit Stecknadeln markieren. Gummibandring von links an die Nahtzugaben der Taillennaht legen, sodass die markierten Stellen jeweils an den Seitennähten, an der vorderen und an der hinteren Mitte liegen. Das Gummiband mittig im gedehnten Zustand auf die Nahtzugabe steppen.

Cataleya

Overall mit Korsagenoberteil

Größe **36–44**
Schwierigkeit ✱✱✱
Schnittbogen **A in Rot**

Meine Coolness-Liebe! Jumpsuit mit Korsagen-Oberteil. Der ecru-blau-gestreifte Ausbrenner-Jersey ist coolness pur! Angezogen ein eyecatcher für jedermann.

MATERIAL

- Fransen-Jersey (49% Baumwolle, 47% Viskose, 3% Polyacryl, 1% Polyester, 175 cm breit), 2,30 m für alle Größen
- Wirkeinlage in Schwarz (90 cm breit), 0,60 m
- Formband in Schwarz (1 cm breit), 1 m
- Naht-Reißverschluss in Dunkelblau, 30 cm lang
- Gummiband in Schwarz (3 mm breit), 1 m
- Farblich passendes Nähgarn

ZUSCHNEIDEN

Die Schnittteile der gewünschten Größe vom Bogen auf Papier kopieren und ausschneiden.
Bitte beachten: Die seitliche Vorderhose aus der Vorderhose als Extra-Schnittteil kopieren. Vorderteil, seitliches Vorderteil, Rückenteil und seitliches Rückenteil jeweils 2x zuschneiden. Vorderhose aus den Teilen 15 und 15x zusammensetzen. Hinterhose aus den Teilen 16 und 16y zusammensetzen.

Den Stoff in den Bruch legen, so dass Webkante auf Webkante liegt. Die Schnittteile gemäß Zuschneideplan auf dem Stoff positionieren.
Als Nahtzugabe an der unteren Hosenkante 2,5 cm und an den restlichen Schnittkanten 1 cm zugeben.

Schnittbogen A in Rot

Größe: **36** — — — — —
Größe: **38** ✳ ✳ ✳ ✳ ✳ ✳
Größe: **40** ——— ———
Größe: **42** \\\\\\\\\\\\\\
Größe: **44** —————————

Schnittteile

- **13** Vorderteil
- **14** seitliches Vorderteil
- **4** Rückenteil
- **10** seitliches Rückenteil
- **15 + 15x** Vorderhose
- **15 + 15x** seitliche Vorderhose
- **16 + 16y** Hinterhose

VORBEREITEN

Vorderteil, seitliches Vorderteil, Rückenteil und seitliches Rückenteil aus der Wirkeinlage zuschneiden und auf die entsprechenden Teile bügeln. Das Formband von links auf die oberen Kanten der Oberteile bügeln.

ZUSCHNEIDEPLAN

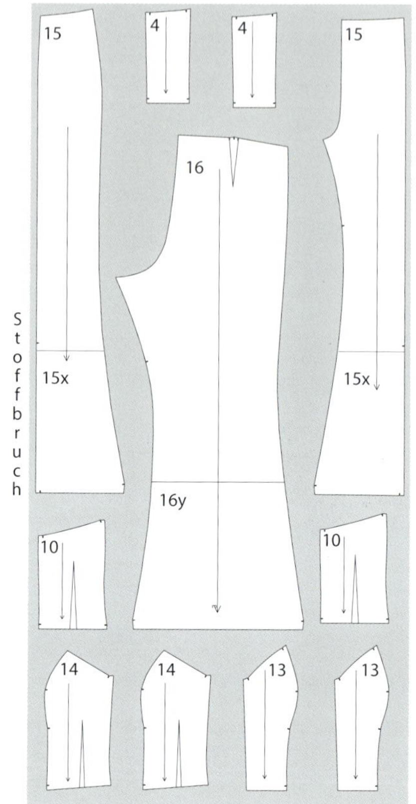

SO WIRD'S GEMACHT

Wichtig! Elastischer Stoff erfordert elastische Nähte, damit diese bei der Bewegung nicht reißen. Die meisten Nähmaschinen haben elastische Stiche im Programm, alternativ eignet sich ein schmal eingestellter Zickzackstich.

1 **Abnäher nähen:** Die Abnäher im seitlichen Vorder- und im seitlichen Rückenteil, sowie in der Hinterhose an den Markierungen jeweils rechts auf rechts legen und in einer leicht konkaven Linie nähen. Nahtanfang und Nahtende gut verriegeln. Abnäher zur vorderen bzw. hinteren Mitte bügeln.

2 **Vorderteil nähen (2x):** Vordere Mitte im Vorderteil rechts auf rechts aufeinanderlegen und die Naht schließen. Seitliches Vorderteil rechts auf rechts auf das Vorderteil legen und die Teilungsnaht schließen. Die Nahtzugaben auseinanderbügeln.

3 **Rückenteil nähen (2x):** Hintere Mitte im Rückenteil separat versäubern. Seitliches Rückenteil rechts auf rechts auf das Rückenteil legen und die Teilungsnaht schließen. Die Nahtzugaben auseinanderbügeln.

4 **Seitennaht schließen (2x):** Vorder- und Rückenteil rechts auf rechts aufeinanderlegen und die Seitennähte schließen. Nahtzugaben auseinanderbügeln.

5 **Oberteile verstürzen:** Die Oberteile an den oberen Kanten rechts auf rechts legen – die Längsteilungsnähte müssen exakt

aufeinanderliegen – feststecken und nähen. Die Oberteile links auf links wenden, die obere Kante in den Nahtbruch bügeln und fußbreit absteppen. Die unteren Schnittkanten sowie die Schnittkanten der hinteren Mitte links auf links aufeinanderlegen – alle Längsteilungsnähte von Futter und Oberstoff müssen deckungsgleich aufliegen – stecken und die Kanten auf der Nahtzugabe zusammennähen.

6 **Vorderhose und seitliche Vorderhose zusammennähen:** Die mittleren Längsschnittkanten der beiden Vorderhosen versäubern. An der versäuberten Schnittkante die Teilungsnähte rechts auf rechts legen, und die Strecke mit Stecknadeln befestigen. Die Naht bis zum Markierungspunkt des Schlitzes schließen und gut verriegeln. Teilungsnaht auseinanderbügeln.

7 **Vorder- und Hinterhose zusammennähen:** Vorder- und Hinterhose jeweils rechts auf rechts legen, so dass die Schnittkanten der Seitennähte und der inneren Beinnähte deckungsgleich aufeinanderliegen. Diese Strecken stecken und bei 1 cm nähen. Nahtzugaben versäubern. Seitennähte und innere Beinnähte in die Hinterhose bügeln.

8 **Schrittnaht schließen:** Vor dem Schließen der Schrittnaht die Schnittkanten separat versäubern. Um die Schrittnaht zu schließen, beide Hosenbeine rechts auf rechts ineinanderlegen. Dabei darauf achten, dass die inneren Hosenbeinnähte deckungsgleich aufeinanderliegen, Schrittkanten stecken und die Naht – beginnend am Markierungspunkt des Reißverschlusses in der Hinterhose – nähen und bügeln.

9 **Saum:** Die unteren Hosenkanten versäubern, 2,5 cm nach links bügeln und an der versäuberten Kante den Umbruch feststeppen. Vordere Schlitzkanten 1 cm nach links bügeln. An der äußeren versäuberten Kante des Schlitzes die Nahtzugabe auf die Vorderhosen steppen, dabei darauf achten, dass die Schlitzkante mit der Saumkante deckungsgleich abschließt.

10 **Hose mit Oberteil verbinden:** Hose und Oberteil an den Taillenkanten rechts auf rechts aufeinanderlegen, so dass Seitennähte, vordere und hintere Mitte von Hose und Oberteil exakt aufeinanderliegen. Die Strecke stecken, zusammennähen und versäubern. Das Gummiband auf die gewünschte Taillenweite schneiden. Das Gummiband in 4 gleichgroße Abschnitte aufteilen und die Viertelpunkte mit Stecknadeln markieren. Gummiband von links an die Nahtzugaben der Taillennaht stecken, sodass Anfang und Ende je 1 cm vor den hinteren Mitten und die markierten Stellen jeweils an den Seitennähten sowie an der vorderen Mitte liegen. Das Gummiband mittig im gedehnten Zustand auf die Nahtzugabe steppen.

11 **Naht-Reißverschluss:** Mit Hilfe eines Spezialfußes den Reißverschluss in die hintere Mitte einnähen. Reißverschlussanfang ist auf einer Horizontalen mit der oberen Kante des Oberteils. Überstehendes Reißverschlussband nach links zwischen Rückenteil und Reißverschluss legen und das gesamte Reißverschlussband längs an der äußeren Kante auf Oberteil und Hinterhose steppen.

22G1

Katniss
Playsuit in Blau

Größe **36–44**
Schwierigkeit **✱✱**
Schnittbogen **D in Rot**
Schnittbogen **D in Schwarz**

Meine sportive Freizeit-Liebe! Dieser Playsuit aus blaugemusterter Viskose passt zu fast jeder Freizeitbeschäftigung, er macht immer eine gute Figur. Das legere Blusenoberteil mit überschnittener Schulter unterstreicht seine Lässigkeit.

MATERIAL

- Viskose-Druck (100% Viskose, 150 cm breit), 2 m für alle Größen
- Formband in Weiß (1 cm breit), 1 m
- Gummiband in Weiß (2 cm breit), 1 m
- kleine Knöpfe, 6 Stück
- Farblich passendes Nähgarn

ZUSCHNEIDEN

Die Schnittteile der gewünschten Größe vom Bogen auf Papier kopieren und ausschneiden.
Bitte beachten: Den vorderen Armausschnittbeleg aus dem Vorderteil, den hinteren Armausschnittbeleg aus dem Rückenteil und den Taschenbeutel aus dem Taschenbeutel mit Hüftteil als Extra-Schnittteil kopieren.

Den Stoff in den Bruch legen, so dass Webkante auf Webkante liegt. Die Schnittteile gemäß Zuschneideplan auf dem Stoff positionieren.
Als Nahtzugabe an der unteren Hosenkante 2 cm, an der vorderen Kante 6 cm und an den restlichen Schnittkanten 1 cm zugeben.

Schnittbogen D in Rot

Größe: **36**
Größe: **38**
Größe: **40**
Größe: **42**
Größe: **44**

Schnittteile

- **4** Vorderteil
- **4** vorderer Armausschnittbeleg
- **7** Rückenteil
- **7** hinterer Armausschnittbeleg
- **12** Kragen

Schnittbogen D in Schwarz

Größe: **36**
Größe: **38**
Größe: **40**
Größe: **42**
Größe: **44**

Schnittteile

- **1** Vorderhose
- **2** Hinterhose
- **3** Taschenbeutel mit Hüftteil
- **3** Taschenbeutel

Nachfolgendes Schnittteil ist mit Nahtzugabe angegeben.

- **A** Halsausschnitt-Streifen: Länge wie Halsausschnittkante bis vordere Kante, 4 cm breit (schräger Fadenlauf).

VORBEREITEN

Das Formband von links auf die vordere und hintere Halsausschnittkante bügeln.

ZUSCHNEIDEPLAN

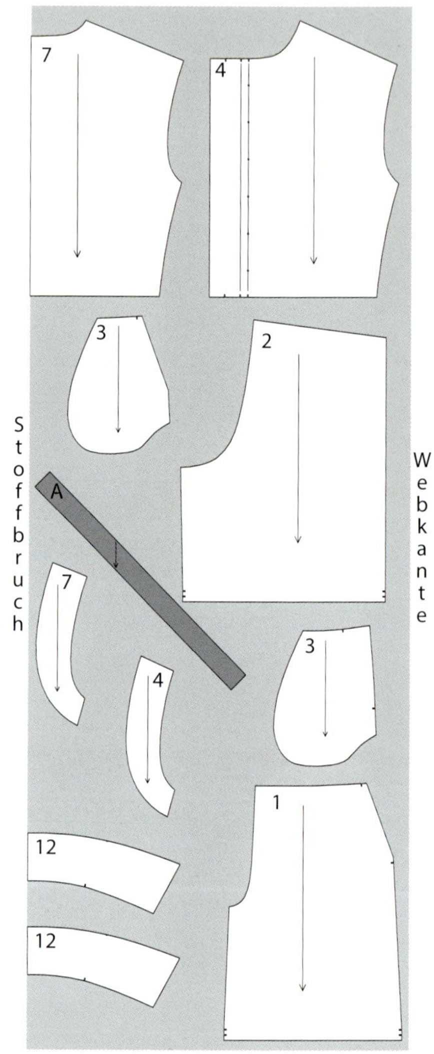

SO WIRD'S GEMACHT

1 **Vordere Kante im Oberteil einbügeln:** Zuerst eine 3 cm breite und ca. 40 cm lange Schablone aus festem Papier anfertigen. Die Schablone auf die vordere Kante des Oberteils (rechts unten) legen und bei 3 cm und nochmals 3 cm die vordere Kante doppelt einbügeln. Von links den Umbruch schmalkantig auf dem Vorderteil feststeppen.

2 **Schulter- und Seitennaht nähen:** Vorder- und Rückenteil rechts auf rechts an den Schnittkanten aufeinanderlegen und zusammenstecken. Schulter und Seitennähte schließen und versäubern. Die Nahtzugaben in das Rückenteil bügeln.

3 **Armausschnittbeleg:** Den vorderen und hinteren Armausschnittbeleg an Schulter- und Seitennaht rechts auf rechts aufeinanderlegen, die Nähte schließen und die Nahtzugaben auseinanderbügeln. Die äußeren Schnittkanten versäubern. Den Beleg rechts auf rechts auf die Armausschnittkante legen, feststecken und die Naht nähen. Die Nahtzugabe bis kurz vor der Naht von Armloch und Beleg versetzt in Abständen von ca. 5 cm einschneiden. Den Beleg auf die

linke Seite wenden und in den Nahtbruch bügeln. Die äußere versäuberte Kante auf dem Oberteil feststecken und schmalkantig auf das Oberteil steppen.

4 **Kragen:** Kragenschnittkanten deckungsgleich rechts auf rechts aufeinanderlegen, stecken und bei 1 cm die kurzen Kanten und die Außenkante nähen. Halsansatzkante bleibt offen. Den Kragen auf rechts wenden. Die verstürzten Kanten in den Nahtbruch bügeln und knapp und fußbreit steppen. Den Kragen mit der Halsansatzkante rechts auf rechts an die Halsausschnittkante des Oberteils bis vordere Mitte legen und feststecken.
Für den Halsausschnitt-Streifen eine 2 cm breite und ca. 40 cm lange Schablone aus festem Papier anfertigen. Die Schablone so auf den Streifen (rechts liegt unten) legen, dass die Nahtzugabe an beiden Seiten gleichmäßig sichtbar ist. Nahtzugabe um die Schablone herum auf die Schablone bügeln. Den aufgeklappten Streifen rechts auf rechts auf die Schnittkante vom Kragenansatz legen, und diesen ebenfalls feststecken. Die Nahtzugabe vom Streifen steht an der vorderen Kante über. Die Naht in dem eingebügelten Bruch nähen und den Streifen in das Oberteil bügeln. Die Nahtzugabe an der vorderen Kante

nach links schlagen, und den Streifen an der unteren Bruchkante schmalkantig auf das Oberteil steppen.

5 **Knopflöcher und Knöpfe:** Laut Markierungen die Knopflöcher im rechten Vorderteil einarbeiten und die Knöpfe am linken Vorderteil annähen. **Tipp:** Wenn in der Nähmaschine kein automatisches Knopflochprogramm vorhanden ist, kann ein Knopfloch auch mit Raupen aus dichten Zickzackstichen genäht werden.

6 **Eingrifftasche arbeiten:** Den Taschenbeutel rechts auf rechts auf die Vorderhose legen, so dass die Schnittkanten der Tascheneingriffe deckungsgleich aufeinanderliegen. Diese stecken. Den Tascheneingriff bei 1 cm nähen. Anfang und Ende der Naht gut verriegeln. Nahtzugaben versäubern, den Taschenbeutel auf die linke Seite der Vorderhose umschlagen und in den Nahtbruch bügeln. Tascheneingriffkante füßchenbreit absteppen. Den Taschenbeutel mit Hüftteil laut Markierung rechts auf rechts an den Taschenbeutel legen, so dass die Schnittkanten der Taschenbeutel deckungsgleich aufeinanderliegen. Die Taschenbeutelrundung mit ein paar Stecknadeln befestigen. Taschenbeutel schließen und versäubern. Obere und seitliche Taschenbeutelkanten von rechts fußbreit auf die Nahtzugabe der Vorderhose steppen.

7 **Vorder- und Hinterhose zusammennähen:** Vorder- und Hinterhose jeweils rechts auf rechts legen, so dass die Schnittkanten der Seitennähte und der inneren Beinnähte deckungsgleich aufeinanderliegen. Diese Strecken stecken, bei 1 cm nähen und die Nahtzugaben versäubern. Seitennähte und innere Beinnähte in die Hinterhose bügeln. Die äußeren Seitennähte von rechts knapp und fußbreit steppen.

8 **Schrittnaht schließen:** Um die Schrittnaht zu schließen, beide Hosenbeine rechts auf rechts ineinanderlegen. Dabei darauf achten, dass die inneren Hosenbeinnähte deckungsgleich aufeinanderliegen, Schrittkanten stecken und die Naht nähen. Nahtzugaben versäubern und auf eine Seite bügeln.

9 **Saum:** Die untere Hosenbeinkante versäubern, 2 cm nach links bügeln. Den umgebügelten Saum bei 1 cm einschlagen und den Umbruch schmalkantig feststeppen.

10 **Hose mit Oberteil verbinden:** Hose und Oberteil an den Taillenkanten rechts auf rechts aufeinanderlegen, so dass Seitennähte, vordere und hintere Mitte von Hose und Oberteil exakt aufeinanderliegen. Die Strecke stecken, zusammennähen und versäubern. Das 3 mm breite Gummiband auf die gewünschte Taillenweite plus 2 cm Nahtzugabe schneiden, an den Gummibandenden 2 cm übereinanderlegen und von Hand zusammennähen. Den Ring in 4 gleichgroße Abschnitte aufteilen und die Viertelpunkte mit Stecknadeln markieren. Gummibandring von links an die Nahtzugaben der Taillennaht legen, sodass die markierten Stellen jeweils an den Seitennähten, an der vorderen und an der hinteren Mitte liegen. Das Gummiband mittig im gedehnten Zustand auf die Nahtzugabe steppen.

Leilani

Playsuit in Weiß

Größe **36–44**
Schwierigkeit ✲✲
Schnittbogen **D in Schwarz**

Meine blütenzarte Urlaubs-Liebe! Der floral gemusterte Playsuit macht Lust auf Sommer, Sonne und gute Laune. Unkompliziert und leicht wie eine Sommerbrise.

MATERIAL

- Viskose-Druck (100% Viskose, 150 cm breit), 1,70 m für alle Größen
- Formband in Weiß (1 cm breit), 1 m
- Gummiband in Weiß (3 mm breit), 1 m
- kleiner Druckknopf, 1 Stück
- Farblich passendes Nähgarn

ZUSCHNEIDEN

Die Schnittteile der gewünschten Größe vom Bogen auf Papier kopieren und ausschneiden.
Bitte beachten: Den vorderen Cut-Out-Beleg der Schulter aus dem Vorderteil, den hinteren Cut-Out-Beleg der Schulter aus dem Rückenteil und den Taschenbeutel aus dem Taschenbeutel mit Hüftteil als Extra-Schnittteil kopieren.

Den Stoff in den Bruch legen, so dass Webkante auf Webkante liegt. Die Schnittteile gemäß Zuschneideplan auf dem Stoff positionieren.
Als Nahtzugabe an den unteren Hosenkanten 2 cm, an den unteren Ärmelkanten 1,5 cm, die Halsausschnittkanten ohne Zugabe schneiden und an den restlichen Schnittkanten 1 cm Nahtzugabe zugeben.

Schnittbogen D in Schwarz

Größe: **36** ○○○○○○○○
Größe: **38** ——— ———
Größe: **40** \\\\\\\\\\\\\
Größe: **42** —- —- —- —
Größe: **44** —————

Schnittteile

- **5** Vorderteil
- **5** vorderer Cut-Out-Beleg
- **6** Rückenteil
- **6** hinterer Cut-Out-Beleg
- **1** Vorderhose
- **2** Hinterhose
- **3** Taschenbeutel mit Hüftteil
- **3** Taschenbeutel

Nachfolgendes Schnittteil ist mit Nahtzugabe angegeben.

- **A** Einfass-Streifen für Halsausschnittkante: Länge wie Halsausschnittkante, 4 cm breit (schräger Fadenlauf).

VORBEREITEN

Das Formband von links auf die vordere und hintere Halsausschnittkante bügeln.

ZUSCHNEIDEPLAN

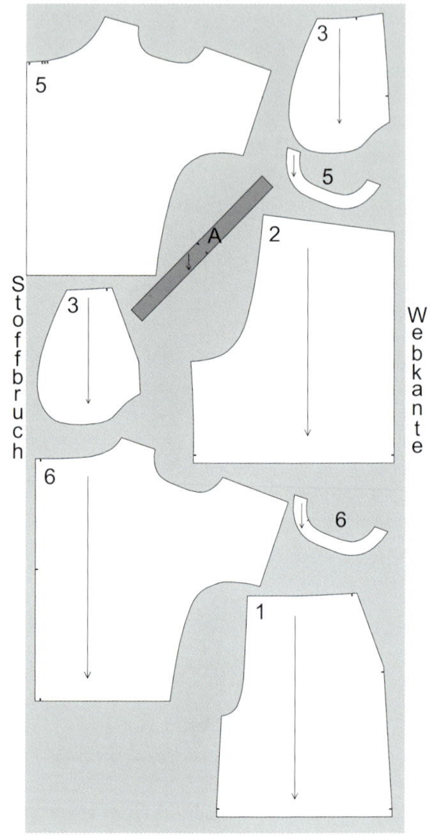

SO WIRD'S GEMACHT

1 **Hintere Mitte des Oberteils nähen:** An den Rückenteilen die Schnittkanten der hinteren Mitte versäubern. Rückenteile an dieser Kante rechts auf rechts aufeinanderlegen und die hintere Mitte bei 1 cm bis zur Schlitzmarkierung schließen. Nahtzugaben auseinanderbügeln und die Schlitzkanten nach links bügeln. An der äußeren versäuberten Kante des Schlitzes die Nahtzugabe auf das Teil steppen.

2 **Falten im Vorderteil arbeiten:** Falten an vorderer Halsausschnittkante laut Markierung rechts auf rechts nähen und zu einer Seite bügeln.

3 **Schulter und Seitennähte:** Schulter- und obere Ärmelschnittkanten separat versäubern. Vorder- und Rückenteil rechts auf rechts an den Schnittkanten aufeinanderlegen und stecken. Schulter und obere Ärmelnaht bis und ab Cut-Out schließen. Die Nahtzugaben auseinanderbügeln. Seitennähte schließen, versäubern und in das Rückenteil bügeln.

4 **Cut-Out-Belege:** Schulter- und obere Ärmelschnittkanten (kurze Belegkanten) versäubern. Den vorderen und hinteren Cut-Out-Beleg rechts auf rechts legen und die Schulter- und die obere Ärmelnaht schließen. Nahtzugaben auseinanderbügeln und die äußere Belegschnittkante versäubern. Beleg rechts auf rechts auf den Cut-Out in der Schulternaht legen und feststecken. Beleg annähen. Die Nahtzugaben versetzt, bis kurz vor der Naht,

einschneiden. Den Beleg auf die linke Seite schlagen und die Naht in den Nahtbruch bügeln. Die äußere Belegkante auf dem Oberteil feststecken und an der äußeren versäuberten Kante von links den Beleg steppen.

5 Halsausschnitt: Eine 2 cm breite und ca. 35 cm lange Schablone aus festem Papier anfertigen. Die Schablone so auf den Einfass-Streifen (rechts liegt unten) legen, dass die Nahtzugabe auf beiden Seiten gleichmäßig sichtbar ist. Nahtzugabe um die Schablone herum auf die Schablone bügeln. Den aufgeklappten Einfass-Streifen rechts auf links an die Halsausschnittkante legen und mit Stecknadeln feststecken. Nahtzugaben stehen in der hinteren Mitte über. Die Naht in dem eingebügelten Bruch nähen. Nahtzugabe in den Einfass-Streifen bügeln, Nahtzugaben an der hinteren Mitte nach links schlagen und den Einfass-Streifen auf die rechte Seite schlagen. Die Bruchkante vom Streifen auf die sichtbare Naht legen und mit Stecknadeln befestigen. Die Bruchkante schmalkantig feststeppen. Den Druckknopf von Hand in der hinteren Mitte auf den Einfass nähen.

6 Ärmelsaum: Die untere Ärmelkante 1,5 cm nach links bügeln und den Umschlag zur Hälfte doppelt eingeschlagen schmalkantig feststeppen.

7 Eingrifftasche in der Hose arbeiten: Den Taschenbeutel rechts auf rechts auf die Vorderhose legen, so dass die Schnittkanten der Tascheneingriffe deckungsgleich aufeinanderliegen. Diese Strecken stecken. Den Tascheneingriff bei 1 cm nähen. Anfang und Ende der Naht gut verriegeln. Nahtzugaben versäubern, den Taschenbeutel auf die linke Seite der Vorderhose umschlagen und in den Nahtbruch bügeln. Tascheneingriffkante fußbreit steppen. Den Taschenbeutel mit Hüftteil laut Markierung rechts auf rechts an den Taschenbeutel legen, so dass die Schnittkanten der Taschenbeutel deckungsgleich aufeinanderliegen. Die Taschenbeutelrundung mit ein paar Stecknadeln befestigen. Taschenbeutel schließen und versäubern. Obere und seitliche Taschenbeutelkanten von rechts fußbreit auf die Nahtzugabe der Vorderhose steppen.

8 Vorder- und Hinterhose zusammennähen: Vorder- und Hinterhose jeweils rechts auf rechts legen, so dass die Schnittkanten der Seitennähte und der inneren Beinnähte deckungsgleich aufeinanderliegen. Diese Strecken stecken, bei 1 cm nähen und die Nahtzugaben versäubern. Seitennähte und innere Beinnähte in die Hinterhose bügeln.

9 Schrittnaht schließen: Um die Schrittnaht zu schließen, beide Hosenbeine rechts auf rechts ineinanderlegen. Dabei darauf achten, dass die inneren Hosenbeinnähte deckungsgleich aufeinanderliegen, Schrittkanten stecken und die Naht nähen. Nahtzugaben versäubern und auf eine Seite bügeln.

10 Hosensaum: Die untere Hosenbeinkante 2 cm nach links bügeln und den Umschlag zur Hälfte doppelt eingeschlagen schmalkantig feststeppen.

11 Hose mit Oberteil verbinden: Hose und Oberteil an den Taillenkanten rechts auf rechts aufeinanderlegen, so dass Seitennähte, vordere und hintere Mitte von Hose und Oberteil exakt aufeinanderliegen. Die Strecke stecken, zusammennähen und versäubern. Das 3 mm breite Gummiband auf die gewünschte Taillenweite plus 2 cm Nahtzugabe schneiden, an den Gummibandenden 2 cm übereinanderlegen und von Hand zusammennähen. Den Ring in 4 gleichgroße Abschnitte aufteilen und die Viertelpunkte mit Stecknadeln markieren. Gummibandring von links an die Nahtzugaben der Taillennaht legen, sodass die markierten Stellen jeweils an den Seitennähten, an der vorderen und an der hinteren Mitte liegen. Das Gummiband mittig im gedehnten Zustand auf die Nahtzugabe steppen.

Petunia

Jumpsuit in Schwarz

Größe **36–44**
Schwierigkeit ✱✱
Schnittbogen **C in Schwarz**

Meine RedCarpet-Liebe! Dieser Jumpsuit ist ein wahres Highlight. Sexy … elegant … unvergessen.

MATERIAL

- Cupro-Jersey (96% Cupro, 4% Elasthan, 150 cm breit), 2,30 m für alle Größen
- Gummiband in Schwarz (3 mm breit), 1 m
- Farblich passendes Nähgarn

ZUSCHNEIDEN

Die Schnittteile der gewünschten Größe vom Bogen auf Papier kopieren und ausschneiden.
Bitte beachten: Den Vorderteil-Beleg aus dem Vorderteil als Extra-Schnittteil kopieren. Vorderhose aus den Teilen 1 und 1x zusammensetzen. Hinterhose aus den Teilen 2 und 2y zusammensetzen.

Den Stoff in den Bruch legen, so dass Webkante auf Webkante liegt. Die Schnittteile gemäß Zuschneideplan auf dem Stoff positionieren. Die einheitliche Ausrichtung der Schnittteile ist hier besonders wichtig, da Cupro-Stoff hat einen leichten Strich hat! Als Nahtzugabe am unteren Hosenbeinrand 2 cm, vordere und hintere Armausschnittkante ohne Zugabe schneiden und an den restlichen Schnittkanten 1 cm zugeben.

Schnittbogen C in Schwarz

Größe: **36** — — — — —
Größe: **38** ✳ ✳ ✳ ✳ ✳ ✳
Größe: **40** —- —- —- —
Größe: **42** \\\\\\\\\\\\\\\\\\\\\\\\
Größe: **44** ————————

Schnittteile

- **9** Vorderteil
- **9** Vorderteil-Beleg
- **10** Rückenteil
- **1 + 1x** Vorderhose
- **2 + 2y** Hinterhose
- **5** Taschenbeutel

Nachfolgende Schnittteile sind mit Nahtzugabe angegeben.

- **A** Band Rückenteil: 22 cm lang, 2,5 cm breit.
- **B** Streifen für Träger + Einfass-Armausschnittkante: 120 - 122 - 124 - 126 - 128 cm lang, 2,5 cm breit.

VORBEREITEN

Das Formband von links auf die vordere und hintere Halsausschnittkante bügeln.

ZUSCHNEIDEPLAN

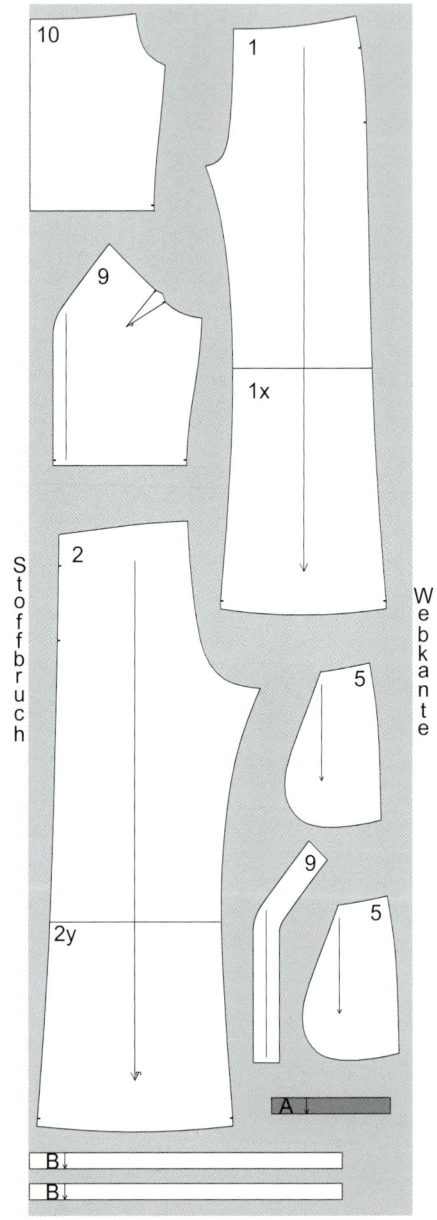

SO WIRD'S GEMACHT

Wichtig! Elastischer Stoff erfordert elastische Nähte, damit diese bei der Bewegung nicht reißen. Die meisten Nähmaschinen haben elastische Stiche im Programm, alternativ eignet sich ein schmal eingestellter Zickzackstich.

1 **Brustabnäher im Vorderteil nähen:** Die Abnäher im Vorderteil an den Markierungen jeweils rechts auf rechts legen und in einer leicht konkaven Linie nähen. Nahtanfang und Nahtende gut verriegeln. Abnäher nach unten bügeln.

2 **Vorderteil-Beleg arbeiten:** Die vordere Schnittkante des Belegs rechts auf rechts auf die vordere Schnittkante des Oberteils legen, feststecken und nähen. Den Beleg nach links wenden, in den Nahtbruch bügeln und die verstürzte Kante fußbreit absteppen. Die innere Belegkante auf dem Vorderteil feststecken und knappkantig neben der Schnittkante und noch einmal fußbreit daneben steppen. Rechtes Vorderteil an der markierten Linie links auf rechts auf das linke Vorderteil legen, feststecken und fußbreit (genau in der sichtbaren Naht) aufsteppen.

2

3 Seitennaht schließen: Vorder- und Rückenteil rechts auf rechts aufeinanderlegen und die Seitennähte schließen. Nahtzugaben versäubern und nach hinten bügeln.

4 Rückenausschnitt: Den hinteren Rückenausschnitt schmal und nochmals schmal nach links einschlagen und knappkantig steppen.

5 Spagettiträger und Band für das Rückenteil arbeiten: Die langen Schnittkanten vom Band für den Rückenhalt rechts auf rechts legen und maximal fußbreit zusammennähen. Mit der kleinsten Sicherheitsnadel vorsichtig das Band durch den Tunnel auf die rechte Seite ziehen. In gestrecktem Zustand das Band mit zwei Stecknadeln auf dem Bügelbrett befestigen und dämpfen. Die Träger nach dem gleichen Prinzip arbeiten, jedoch ein Stück für den Armausschnitt-Einfass offen lassen.

6 Armausschnitt einfassen: Die Nahtzugabe der offenen Strecke am Spagettiträger rechts auf rechts auf die Armlochkante legen, feststecken und die Naht fußbreit nähen. Die Naht des verstürzten Trägerteils muss in einer Linie mit der Armlochnaht verlaufen. Die andere Nahtzugabe des Trägers an der Armlochansatznaht einschneiden (Anfang und Ende der Naht) und auf der linken Seite in das Teil legen. Die Strecke feststecken. Das Band für den Rückenhalt einschieben und feststecken. Von rechts im Nahtschatten die Nahtzugabe auf das Teil steppen. Von links die Nahtzugabe bis auf 2 mm wegschneiden.

6A

6B

7 **Seitennahttaschen in der Hose arbeiten:** Den Taschenbeutel rechts auf rechts laut Markierung auf die Vorderhose legen, so dass die Schnittkanten der Tascheneingriffe deckungsgleich liegen. Diese Strecken stecken. Den Tascheneingriff bei 1 cm nähen. Anfang und Ende der Naht gut verriegeln. Die Nahtzugabe zu den Nahtenden einschneiden und an der Eingriffkante auseinanderbügeln. Kante in den Nahtbruch bügeln. Den Tascheneingriff fußbreit steppen. Den oberen Taschenbeutel rechts auf rechts auf den Taschenbeutel stecken. Die seitliche Nahtzugabe des Taschenbeutels liegt in einer Linie mit der Seitenkante der Vorderhose. Den Taschenbeutel schließen und die Schnittkanten versäubern. Die seitlichen Nahtzugaben an die Seitenkante der Vorderhose nähen.

8 **Vorder- und Hinterhose zusammennähen:** Vorder- und Hinterhose jeweils rechts auf rechts legen, so dass die Schnittkanten der Seitennähte und der inneren Beinnähte deckungsgleich liegen. Diese Strecken stecken, bei 1 cm nähen und die Nahtzugaben versäubern. Seitennähte und innere Beinnähte in die Hinterhose bügeln.

9 **Schrittnaht schließen:** Die Hosenbeine rechts auf rechts ineinanderlegen. Dabei darauf achten, dass die inneren Hosenbeinnähte deckungsgleich aufeinanderliegen, Schrittkanten stecken und die Naht nähen. Nahtzugaben versäubern und auf eine Seite bügeln.

10 **Saum:** Die untere Hosenbeinkante versäubern, 2 cm nach links bügeln und den Umschlag an der versäuberten Kante knappkantig feststeppen.

11 **Hose mit Oberteil verbinden:** Hose und Oberteil an den Taillenkanten rechts auf rechts aufeinanderlegen, so dass Seitennähte, vordere und hintere Mitte von Hose und Oberteil exakt aufeinanderliegen. Die Strecke stecken, zusammennähen und versäubern. Das 3 mm breite Gummiband auf die gewünschte Taillenweite plus 2 cm Nahtzugabe schneiden, an den Gummibandenden 2 cm übereinanderlegen und von Hand zusammennähen. Den Ring in 4 gleichgroße Abschnitte aufteilen und die Viertelpunkte mit Stecknadeln markieren. Gummibandring von links an die Nahtzugaben der Taillennaht legen, sodass die markierten Stellen jeweils an den Seitennähten, an der vorderen und an der hinteren Mitte liegen. Das Gummiband mittig im gedehnten Zustand auf die Nahtzugabe steppen.

Sakura
Playsuit in Pink

Größe **36–44**
Schwierigkeit **✱✱**
Schnittbogen **C in Rot**
Schnittbogen **B in Rot**

Meine Pippi-Lotta-Liebe!
Die warme Jahreszeit kann kommen ...
Mit dem pinkfarbenen Playsuit endlich ins Freie.
Der ideale Begleiter für alle, die gerne in Bewegung sind.

MATERIAL

- Viskose-Druck in Pink-Bunt (100% Viskose, 150 cm breit), 2,20 m für alle Größen
- Formband in Weiß (1 cm breit), 1 m
- Gummiband in Weiß (3 mm breit), 1 m
- kleine Knöpfe, 8 Stück
- Farblich passendes Nähgarn

ZUSCHNEIDEN

Die Schnittteile der gewünschten Größe vom Bogen auf Papier kopieren und ausschneiden.

Den Stoff in den Bruch legen, so dass Webkante auf Webkante liegt. Die Schnittteile gemäß Zuschneideplan auf dem Stoff positionieren.
Als Nahtzugabe an den unteren Hosenbeinkanten 2 cm, an den vorderen Kanten 6 cm und an den restlichen Schnittkanten 1 cm zugeben.

Schnittbogen C in Rot

Größe: **36**
Größe: **38**
Größe: **40**
Größe: **42**
Größe: **44**

Schnittteile

- **3** Vorderteil
- **4** Rückenteil
- **8** Volantärmel

Schnittbogen B in Rot

Größe: **36**
Größe: **38**
Größe: **40**
Größe: **42**
Größe: **44**

Schnittteile

- **10** Vorderhose
- **14** Hinterhose
- **5** Taschenbeutel

Nachfolgendes Schnittteil ist mit Nahtzugabe angegeben.

- **A** Paspel-Streifen für Halsausschnittkante: Länge wie Halsausschnittkante, 4 cm breit (schräger Fadenlauf).

VORBEREITEN

Das Formband von links auf die vordere und hintere Halsausschnittkante bügeln.

ZUSCHNEIDEPLAN

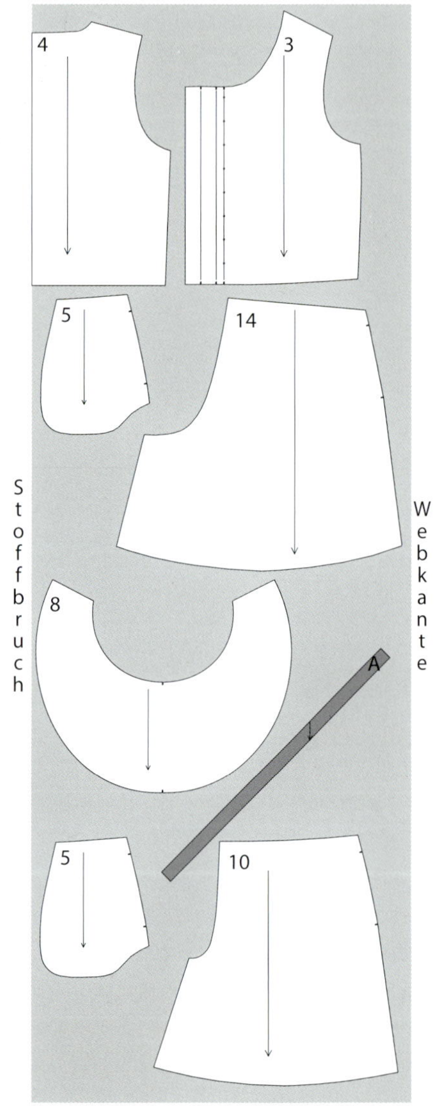

SO WIRD'S GEMACHT

1 **Vordere Kante einbügeln:** Zuerst eine 3 cm breite und ca. 40 cm lange Schablone aus festem Papier anfertigen. Die Schablone auf die vordere Kante des Oberteils (rechts unten) legen und bei 3 cm und nochmals 3 cm die vordere Kante doppelt einbügeln.

2 **Schulter und Seitennähte:** Vorder- und Rückenteil rechts auf rechts an den Schulter- und Seitenschnittkanten aufeinanderlegen, Schulter und Seitennähte schließen und versäubern. Die Nahtzugaben in das Rückenteil bügeln.

3 **Halsausschnitt:** Den Paspel-Streifen mittig links auf links in den Bruch bügeln. Darauf achten, dass beim Bügeln die Strecke nicht ausgedehnt wird! Die vorderen eingebügelten Kanten (je 3 cm) nach rechts legen, darauf die Schnittkanten des Streifens rechts auf rechts auf die Halsausschnittkante legen, und mit Stecknadeln fixieren. Die Strecke nähen. Die vorderen Kanten und den Paspel-Streifen nach links wenden und in den Nahtbruch bügeln. Vordere Kanten und Paspel-Streifen feststecken. Den vorderen Kantenbeleg und den

3

Paspel-Streifen von links schmalkantig an der Bruchkante feststeppen.

4 **Volantärmel nähen:** Volantärmel an den Längsschnittkanten rechts auf rechts legen und nähen. Nahtzugaben versäubern und nach hinten bügeln.

5 **Volantärmelsaum:** Die untere Volantkante 0,5 cm nach links schlagen und von links ganz schmal an der Umbruchkante (1 mm) die Kante steppen. Die gesamte Nahtzugabe bis kurz vor der Naht wegschneiden. Die Saumbruchkante nochmals nach links schlagen (2–3 mm) und genau auf der vorgesteppten Naht den Umbruch festnähen.

6 **Volantärmel einnähen:** Beim Einsetzen des Volantärmels stets darauf achten, dass der rechte Ärmel in das rechte Armloch und der linke Ärmel in das linke Armloch genäht wird. Die Ärmelnaht liegt rechts auf rechts auf der Seitennaht. Volantrundung laut Passzeichen kantenbündig in das Armloch stecken und nähen. Nahtzugaben versäubern.

7 **Knopflöcher und Knöpfe:** Laut Markierungen die Knopflöcher im rechten Vorderteil einarbeiten und die Knöpfe am linken Vorderteil annähen.

Tipp: Wenn in der Nähmaschine kein automatisches Knopflochprogramm vorhanden ist, kann ein Knopfloch auch mit Raupen aus dichten Zickzackstichen genäht werden.

8 **Seitennahttaschen in der Hose arbeiten:** Den Taschenbeutel rechts auf rechts laut Markierung auf die Vorderhose legen, so dass die Schnittkanten der Tascheneingriffe deckungsgleich aufeinanderliegen. Diese Strecken stecken. Den Tascheneingriff bei 1 cm nähen. Anfang und Ende der Naht gut verriegeln. Die Nahtzugabe zu den Nahtenden einschneiden und an der Eingriffkante auseinanderbügeln. Kante in den Nahtbruch bügeln. Den Tascheneingriff fußbreit steppen. Den oberen Taschenbeutel rechts auf rechts auf den Taschenbeutel stecken. Die seitliche Nahtzugabe des Taschenbeutels liegt in einer Linie mit der Seitenkante der Vorderhose. Den Taschenbeutel schließen und die Schnittkanten versäubern. Die seitlichen Nahtzugaben an die Seitenkante der Vorderhose nähen.

9 **Vorder- und Hinterhose zusammennähen:** Vorder- und Hinterhose jeweils rechts auf rechts legen, so dass die Schnittkanten der Seitennähte und der inneren Beinnähte deckungsgleich aufeinanderliegen. Diese Strecken stecken, bei 1 cm nähen und die Nahtzugaben versäubern. Seitennähte und innere Beinnähte in die Hinterhose bügeln.

10 **Schrittnaht schließen:** Um die Schrittnaht zu schließen, beide Hosenbeine rechts auf rechts ineinanderlegen. Dabei darauf achten, dass die inneren Hosenbeinnähte deckungsgleich aufeinanderliegen, Schrittkanten stecken und die Naht nähen. Nahtzugaben versäubern und auf eine Seite bügeln.

11 **Saum:** Die untere Hosenbeinkante 2 cm nach links bügeln und den Umschlag zur Hälfte doppelt eingeschlagen schmalkantig feststeppen.

12 **Hose mit Oberteil verbinden:** Hose und Oberteil an den Taillenkanten rechts auf rechts aufeinanderlegen, so dass Seitennähte, vordere und hintere Mitte von Hose und Oberteil exakt aufeinanderliegen. Die Strecke stecken, zusammennähen und versäubern. Das 3 mm breite Gummiband auf die gewünschte Taillenweite plus 2 cm Nahtzugabe schneiden, an den Gummibandenden 2 cm übereinanderlegen und von Hand zusammennähen. Den Ring in 4 gleichgroße Abschnitte aufteilen und die Viertelpunkte mit Stecknadeln markieren. Gummibandring von links an die Nahtzugaben der Taillennaht legen, sodass die markierten Stellen jeweils an den Seitennähten, an der vorderen und an der hinteren Mitte liegen. Das Gummiband mittig im gedehnten Zustand auf die Nahtzugabe steppen.

MIX & MATCH

SIMULATIONEN

Auf den folgenden Seiten findest du Anregungen, wie du deinen eigenen Stil verwirklichen kannst. Lass dich inspirieren und stelle dir individuell ein Oberteil und eine Hose zusammen. Es entsteht dein ganz persönlicher Jumpsuit!

Oberteil von Rosalia
Unterteil von Daisy

Oberteil von Hanako
Unterteil von Clivia

Oberteil von Rosalia
Unterteil von Clivia

Oberteil von Daisy
Unterteil von Ivy

Oberteil von Cataleya
Unterteil von Hanako

Oberteil von Florence
Unterteil von Petunia

Oberteil von Clivia
Unterteil von Cataleya

Oberteil von Florence
Unterteil von Violetta

Oberteil von Ivy
Unterteil von Clivia

Oberteil von Linnea
Unterteil von Petunia

Oberteil von Leilani
Unterteil von Petunia

Oberteil von Cataleya
Unterteil von Rosalia

Oberteil von Rosalia
Unterteil von Hanako

Oberteil von Clivia
Unterteil von Rosalia

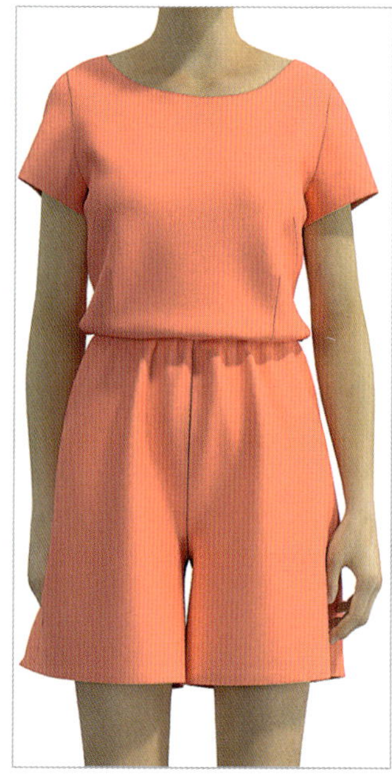

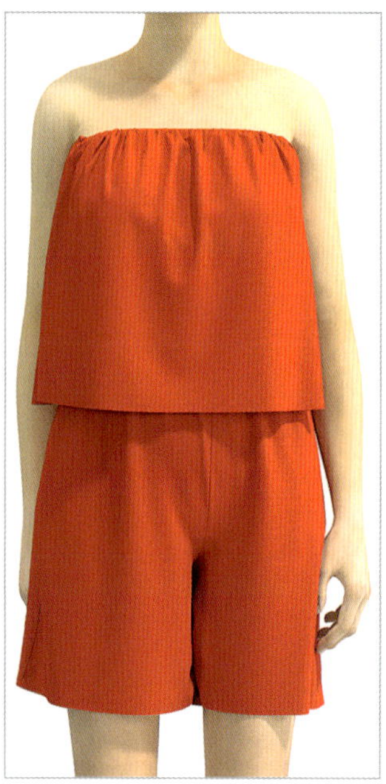

Oberteil von Hanako
Unterteil von Rosalia

Oberteil von Lale
Unterteil von Rosalia

Oberteil von Linea
Unterteil von Sakura

Oberteil von Petunia
Unterteil von Florence

Oberteil von Petunia
Unterteil von Leilani

VERARBEITUNGS

HINWEISE

VERARBEITUNGSHINWEISE GRUNDAUSSTATTUNG

Folgende Dinge werden generell benötigt und sind in den Anleitungen nicht noch einmal gesondert aufgeführt:

- Nähmaschine
- Maßband & Lineal
- Schnittmusterpapier & Stift/Kopierrädchen
- Schneiderkreide, Markierstifte
- Schneiderschere & kleine Handarbeitsschere
- Steck-, Näh- & Sicherheitsnadeln
- Bügeleisen & Bügeltuch

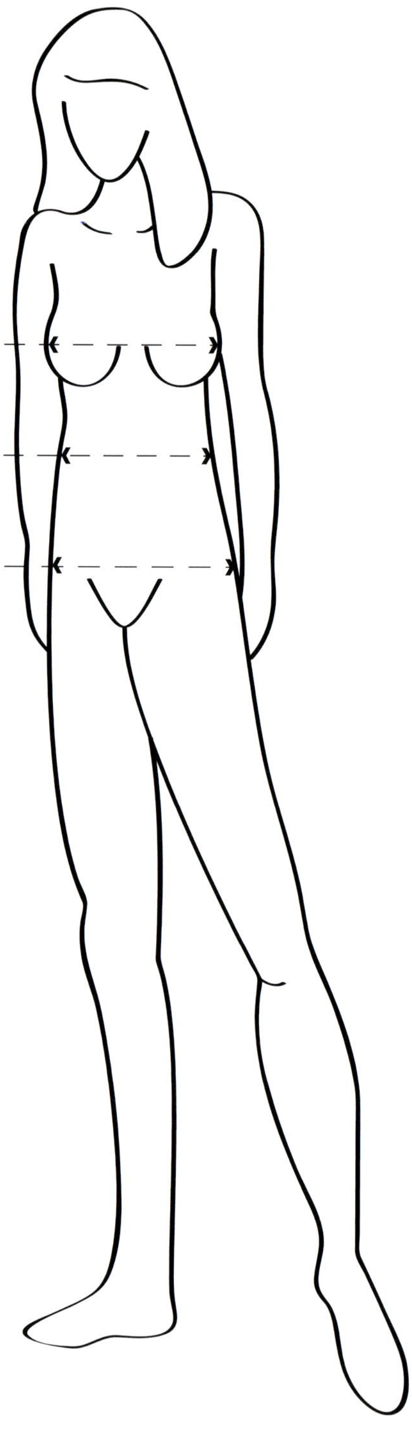

MAßNEHMEN

Um die richtige Größe zu ermitteln, ist genaues Maßnehmen erforderlich. Brustumfang und Hüftweite messen Sie jeweils über die stärkste Stelle. Die Taillenweite nicht zu eng um die Taille messen.
Vergleichen Sie Ihre Maße mit den Angaben in der Maßtabelle. Mogeln Sie nicht! Denn die richtige Größe ist wichtig, um späteres Abändern zu vermeiden.
Messen Sie nicht den Schnitt aus, denn dieser enthält bereits die erforderliche Weiten-Zugabe.
Die Schnitte beinhalten keine Nahtzugabe!

Maßtabelle

Normale Größen für Damenoberbekleidung

Bezeichnung/ Größe	36	38	40	42	44
Brustumfang	84	88	92	96	100
Taillenumfang	68	72	76	80	84
Hüftumfang	94	98	102	106	110

STOFF VORBEREITEN

Die angegebene Maße und Zuschneidepläne beziehen sich auf die Originalstoffe. Sollten die Stoffmengen oder andere Angaben je nach Größe variieren, so ist das an den jeweiligen Stellen vermerkt. Sollten Sie abweichend davon Stoff mit einer anderen Stoffbreite wählen, verändern sich natürlich Stoffverbrauch und Zuschnitt.

Es ist empfehlenswert, jeden Stoff vor dem Zuschnitt zu waschen und zu bügeln, denn viele Stoffe laufen durch die Wäsche ein – der eine mehr, der andere weniger. Selbst beim Bügeln schrumpfen viele Materialien nochmals. Darauf achten, dass die richtige Bügelwärme einstellt ist. Nicht jeder Stoff verträgt extreme Hitze.

SCHNITTTEILE

In der Modellanleitung ist angegeben, auf welchem Arbeitsbogen die benötigten Schnittteile zu finden sind, sowie die Farbe, in der diese gedruckt sind z. B. → **Schnittbogen B in Schwarz**.

Jedes Schnittteil hat eine spezifische Schnittteilnummer z. B. → **5** Vorderteil. An der unteren und oberen Längsseite des Bogens befindet sich je ein Balken mit Zahlen. Diese Zahlen entsprechen den Schnittteilnummern. Fährt man nun rechtwinklig von der entsprechenden Zahl nach oben bzw. unten in den Schnittbogen hinein, stößt man auf die gleiche, fettgedruckte Zahl. Diese liegt an der Kontur dazugehörenden Schnittteils.

Die verschiedenen Größen sind mit unterschiedlichen Konturlinien gezeichnet. Die Linie wählen, die der Konfektionsgröße entspricht.

Schnittkonturen können optional mit einem Stift (Textmarker) markiert werden. Nun das Schnittteil durchpausen oder herauskopieren. Zum Durchpausen wird Seiden- oder Schnittpapier benötigt. Dies wird auf den Schnittbogen gelegt und das markierte Teil abgezeichnet. Beim Durchradeln (mit dem Kopierrädchen) das Papier unter den Schnittbogen legen und Außenkonturen sowie markierte Linien durchradeln.

Wichtig: Alle Schnitt-Markierungen übertragen. Sorgfältig arbeiten, um exakte Schnittteile zu erhalten.

Die Bruchlinie kennzeichnet die Mitte eines Schnittteils. Manche Teile werden „im Stoffbruch" zugeschnitten. Durch das Anlegen an den Stoffbruch wird beim Zuschneiden die zweite Hälfte des Teils ergänzt. An der Bruchlinie ist keine Naht!

Für Kleidungsstücke werden in der Regel doppelt zugeschnittene Teile, also zwei Ärmel, zwei Kapuzenteile oder auch Vorder- und Rückenteile, doppelt im Stoffbruch zugeschnitten benötigt. Einige Teile werden aber auch in einfacher Stofflage zugeschnitten. Die Zuschneidepläne beim Modell zeigen, wie die Schnittteile auf die verschiedenen Stoffe aufgelegt werden. **Teile in doppelter Stofflage sind weiß gefärbt, Teile in einfacher Stofflage sind dunkelgrau gefärbt.**

Hinweis: Alle nummerierten Schnittteile plus Naht- und Saumzugabe gemäß Anleitung zuschneiden! Die Schnittteile beinhalten keine Nahtzugabe!

Teile, die mit **A**, **B**, **C** usw. bezeichnet sind, sind vermaßt und inkl. der benötigten Nahtzugabe angegeben.

ZUSCHNEIDEN

Für einen sauberen Zuschnitt die Schnittteile auf dem Stoff mit kleineren Gewichten beschweren (z. B. Bücher), um ein Verrutschen des Stoffs oder des Schnittteils zu verhindern. Den Schnitt mit Stecknadeln auf dem Stoff zu befestigen ist auch eine Option, die ich jedoch vermeiden würde, um das Schnittmuster zu schonen.

FADENLAUF

Bei einem Gewebe werden Kett- und Schussfäden miteinander verwoben. Der Fadenlauf zeigt immer die Richtung an, in der das Schnittteil aufgelegt werden muss (Kettrichtung). Im Allgemeinen verläuft der Fadenlauf parallel zur Webkante bzw. zum Stoffbruch.

STOFFBRUCH

Wird der Stoff Webkante auf Webkante zusammengelegt, ergibt sich eine Faltkante, die als Stoffbruch bezeichnet wird.

DOPPELBRUCH

Die Webkanten beidseitig zur Mitte legen, sodass die äußeren Kanten nun im Stoffbruch liegen. Wie weit die Webkanten nach innen geschlagen werden, hängt von der Breite des im Stoffbruch liegenden Schnittteiles ab. Bleibt in der Mitte ein Stück frei, kann dieser Platz für Schnittteile genutzt werden, die in einfacher Stofflage zugeschnitten werden müssen.

KNIPSE

Knipse sind extrem wichtige Markierungspunkte, die dafür sorgen, dass Schnittteile deckungsgleich aufeinanderpassen. Besonders hilfreich sind Knipse bei unterschiedlichen Kantenformen zweier Schnittteile, die man miteinander vernähen muss. Beim Zuschneiden die Knipse mit einem kleinen Einschnitt von 3 mm markieren.

SCHRÄGER FADENLAUF

Der schräge Fadenlauf verläuft im 45-Grad-Winkel zur Webkante. Schnittteile, die in dieser Richtung zugeschnitten werden, sind besonders dehnbar. Daher lassen sie sich beispielsweise schräg zugeschnittene Streifen gut zum Einfassen von Kanten verwenden.

RECHTE UND LINKE STOFFSEITE

Die so genannte „rechte Seite" ist die Schauseite, also die Außenseite des Stoffs. Wenn es also heißt „Stoffteile rechts auf rechts aufeinanderlegen", zeigen die rechten Schauseiten nach innen und die linken Seiten nach außen.

STECKEN UND HEFTEN

Stoffteile immer zuerst mit Stecknadeln fixieren oder heften, damit sie beim Nähen nicht verrutschen oder sich Falten bilden. Eine Heftnaht wird mit dem größtmöglichen Geradstich der Nähmaschine oder mit großen Vorstichen von Hand ausgeführt. Nahtanfang und -ende werden nicht gesichert.

NÄHEN

Der Geradstich ist der grundlegende Nutzstich beim Nähen mit der Nähmaschine. Dies wird auch als „Steppen" bezeichnet. Im Allgemeinen wird auf der linken Stoffseite genäht. Dazu die beiden rechten Stoffseiten aufeinanderlegen und mit Geradstichen zusammennähen.
Elastische Stoffe erfordern elastische Nähte, damit die Nähte nicht reißen. Die meisten Nähmaschinen haben elastische Stiche im Programm, ein Blick in die Gebrauchsanweisung lohnt sich auf jeden Fall.
Falls Sie eine Overlock-Nähmaschine besitzen, schließen Sie die Nähte mit der 4-fädigen Sicherheitsnaht, versäubern Sie die Saumkanten mit einem Overlockstich und nähen Sie die Säume mit der normalen Nähmaschine oder mit einem Coverstich fest.

VERRIEGELN

Eine Nähmaschinennaht muss am Anfang und Ende vernäht, also „verriegelt" werden, sonst löst sie sich auf. Am Nahtbeginn drei bis vier Stiche vorwärts, dann rückwärts und anschließend wieder vorwärts nähen. Am Nahtende gegengleich verfahren.

ABSTEPPEN

Eine Naht oder Kante auf der rechten Seite des Projekts nochmals dekorativ nachsteppen.

FUSSBREIT

In der Regel ist ein Nähfuß 14 mm breit. Der Abstand der äußeren Fußkanten zur Nadel beträgt auf jeder Seite 7 mm. Schließt die Stoffkante beim Nähen mit der Außenkante des Nähfußes ab, versteht man darunter das „fußbreite Nähen". Es entsteht hierbei eine Naht, die 7 mm entfernt von der Stoffkante verläuft.

VERSÄUBERN

Um zu verhindern, dass die Schnittkanten von Nahtzugaben nach dem Nähen ausfransen, müssen diese, entweder mit einer Overlockmaschine oder per Zickzackstich, umnäht und damit gesichert werden.

VERSTÜRZEN

Der Ausdruck „Verstürzen" fasst eigentlich mehrere Arbeitsgänge: Das Zusammennähen zweier Stoffteile (z.B. von zwei Taschenbeuteln), das Zurückschneiden der Nahtzugaben rundherum und an den Ecken, das Einschneiden/Einknipsen von Rundungen und das anschließende Wenden des Teils.

NAHTSCHATTEN

„Im Nahtschatten nähen" bedeutet, dass ein verstürztes Stoffteil von der rechten Seite an der verstürzten Naht mit dem Stoffteil verbunden wird.

BELEG

Hierbei handelt es sich um ein kleines Schnittteil, das die gleiche Form hat wie die Kante, die es versäubern soll (zum Beispiel den Halsausschnitt). Der Beleg wird nach dem Annähen nach innen umgeschlagen.

UNTERSTEPPNAHT

Eine Untersteppnaht ist eine Naht, die von rechts knapp neben der verstürzten Naht den Beleg mit der Nahtzugabe verbindet (z. B. das Halsloch mit dem Belegstreifen). Sie dient zur Stabilisierung des verstürzten Teiles, das im Anschluss in den Nahtbruch gebügelt werden soll.

IMPRESSUM

Verantwortlich: Theresa Peter
Layout: Elke Mader
Fotografie: Florian Bilger Fotodesign
Fotos und technische Zeichnungen: Brigitte Büge
Lektorat: A. Reuß
Umschlaggestaltung: Guter Punkt, München
Repro: Ludwig:media, Zell am See
Herstellung: Bettina Schipppel, Stephanie Schlemmer
Printed in Italy by Printer Trento

★★★★★

Sind Sie mit diesem Titel zufrieden? Dann würden wir uns über Ihre Weiterempfehlung freuen. Erzählen Sie es im Freundeskreis, berichten Sie Ihrem Buchhändler oder bewerten Sie bei Onlinekauf. Und wenn Sie Kritik, Korrekturen oder Aktualisierungen haben, freuen wir uns über Ihre Nachricht an Christophorus Verlag, Postfach 40 02 09, D-80702 München oder per E-Mail an lektorat@verlagshaus.de.

Unser komplettes Programm finden Sie unter
www.christophorus-verlag.de

Herstellerverzeichnis:

- Amann & Söhne GmbH & Co. KG, Bönnigheim
- Heiligenstädter Reißverschluss GmbH & Co., Heiligenstadt
- Hestor, Blomberg
- Bolognini S.R.L., Montemurlo, Italien
- Ciabatti S.R.L., Montemurlo, Italien
- Tessitura Sidoti S.R.L., Modena, Italien
- Marutx S.L., Valencia, Spanien

Alle Stoffe sind zu beziehen über
www.brigitte-buege-online.com

Die Deutsche Nationalbibliothek verzeichnet diese Publikation in der Deutschen Nationalbibliografie; detaillierte bibliografische Daten sind im Internet über http://dnb.d-nb.de abrufbar.

ISBN 978-3-8410-6530-8

Kreativ-Service

Sie haben Fragen zu den Büchern und Materialien? Frau Erika Noll ist für Sie da und berät Sie rund um alle Kreativthemen. Rufen Sie an! Wir interessieren uns auch für Ihre eigenen Ideen und Anregungen. Sie erreichen Frau Noll per E-Mail: **mail@kreativ-service.info** oder Tel.: **+49 (0) 5052 / 91 18 58**

Besuchen Sie uns im Internet: www.christophorus-verlag.de

Ebenfalls erhältlich ...

ISBN: 978-3-8410-6541-4

ISBN: 978-3-8410-6502-5

ISBN: 978-3-8410-6477-6

ISBN: 978-3-8410-6523-0

www.christophorus-verlag.de